C·H·Beck

PAPERBACK

Andreas Rödder

Konservativ 21.0

Eine Agenda für Deutschland

C.H.Beck

Gesetzt aus der Adobe Garamond Pro bei Fotosatz Amann, Memmingen
Druck und Bindung: Druckerei C.H.Beck, Nördlingen
Umschlaggestaltung: Rothfos & Gabler, Hamburg
Gedruckt auf säurefreiem, alterungsbeständigem Papier
(hergestellt aus chlorfrei gebleichtem Zellstoff)
Printed in Germany
ISBN 978 3 406 73725 1

www.chbeck.de

Inhalt

Prolog
Die K-Frage

Deutschland geht es so gut wie nie zuvor. Löhne und Gehälter steigen, und im Oktober 2018 fiel die Arbeitslosigkeit erstmals seit 1981 unter 5 Prozent. Zugleich greift ein Gefühl der Krise um sich. Funklöcher und BER, Fahrverbote und Verkehrsinfarkt: Deutschland, so scheint es, verliert den Anschluss in einer Welt, die sich immer schneller wandelt und die vor ungekannten Herausforderungen und Gefahren steht. Schon jetzt stellen populistische Bewegungen die Demokratie in Frage, wie wir sie kennen.

Die Geschichte der Moderne zeigt: Beschleunigter Wandel kann große Fortschritte erbringen. Er kann aber auch in Katastrophen enden. Den Wandel so zu gestalten, dass er für die Menschen verträglich wird und daher gelingen kann – das ist das Anliegen eines liberalen Konservatismus. Und davon handelt dieses Buch.

Die Sache des Konservativen war und ist allerdings seit jeher widersprüchlich und paradox. Der Konservatismus ist die Bewegung des Bewahrens. Doch ohne den Wandel kann er gar nicht existieren. Er wurde immer wieder totgesagt und ist doch nicht totzukriegen. Demoskopen meinen, mit dem Begriff «konservativ» sei in Deutschland kein politischer Blumentopf zu gewinnen. Zugleich gerät er von Zeit zu Zeit in Mode und in die Auslagen der Buchhandlungen – und dann gern unter Verkehrung der Fronten: Während der grüne Ministerpräsident von Baden-Württemberg «für eine neue Idee des Konservativen» wirbt,[1] macht sein christdemokratischer Amtskollege in Nordrhein-Westfalen deutlich, «dass der Markenkern der Christlich Demokratischen Union eben nicht das Konservative ist, sondern dass das christliche Menschenbild über allem steht».[2] Demgegenüber wünschte die knappe Hälfte der Delegierten, die auf dem Hamburger Parteitag der CDU am 8. Dezember 2018 für Friedrich Merz stimmte, eine stärker liberal-konservative Orientierung der Partei. Nach den Jahren der Führung durch Angela Merkel sucht die CDU nach ihrem programmatischen Profil. Unterdessen nimmt Alexander Gauland für die AfD in Anspruch, die eigentlich konservative Kraft in Deutschland zu sein.[3]

Vor diesem Hintergrund stellt sich die Frage, was eigentlich konservativ ist – und was dies konkret bedeutet. Um diese beiden Fragen soll es in diesem Buch gehen. Es ist ein politisches Buch eines Historikers, der auf der Grundlage seiner wissenschaftlichen Kenntnisse als Bürger argumentiert. Darum ein persönliches Wort. Ich bin 1993, als allenthalben von «Parteienverdrossenheit» die Rede war, in die CDU eingetreten und habe ihre programmatische Entkernung in den vergangenen Jahren mit zunehmender Kritik verfolgt. Denn ich bin davon überzeugt, dass die Demokratie vom Wettbewerb zwischen unterscheidbaren politischen Konzepten und von der öffentlichen Auseinandersetzung lebt.

In diesem Sinne argumentiert dieses Buch für einen modernen Konservatismus. Es richtet sich an alle, die sich als konservativ verstehen und die mehr darüber wissen wollen. Und es wendet sich an alle, die sich Gedanken darüber machen, was die großen politischen Ideen und Strömungen der Moderne in der Gegenwart des frühen 21. Jahrhunderts bedeuten können – und ob sie noch eine Zukunft haben.[4]

I

Sprachlose Mitte: Zur Lage der Nation

Zwischen Siegeszug und Populismus: Die westlichen Demokratien seit 1990

Wir stehen vor den Trümmern unserer Erwartungen. Im November 1990 sah die Charta von Paris ein «Zeitalter der Demokratie, des Friedens und der Einheit» nach dem Ende des Ost-West-Konflikts voraus.[1] 1992 bekannte sich der Vertrag von Maastricht zur «immer engeren Union der Völker Europas». Helmut Kohl erwartete, Großbritannien werde binnen weniger Jahre den Euro einführen. Und Francis Fukuyama verkündete das «Ende der Geschichte»,[2] weil sich das westliche Modell von Demokratie und Marktwirtschaft weltweit durchsetzte.

Ein Vierteljahrhundert später ist in der internationalen Politik wieder jenes Faustrecht eingezogen, das viele Zeitgenossen 1990 überwunden geglaubt hatten. Die Europäische Union wurde durch die Euro-Schuldenkrise und den Austritt des Vereinigten Königreichs erschüttert. Freie Märkte sehen sich mit zunehmendem Protektionismus konfrontiert. Von Russland über die Türkei bis Brasilien werden demokratische Ansätze durch autoritäre Regime und Machthaber verdrängt. Dass sie auch noch auf demokratischem Wege gewählt werden, widerspricht der westlichen Vorstellungskraft ebenso grundsätzlich wie das chinesische Experiment eines Kapitalismus ohne Demokratie. Sein Erfolg stellt das westliche Modell grundlegend in Frage – und es bleibt einstweilen offen, ob die Antwort so ausfällt wie im Zeitalter der Weltkriege, als die bedrängten westlichen Demokratien schließlich die Oberhand behielten, oder ob sich hier ein ganz neuer Pfad der Entwicklung auftut.

Nicht nur von außen, auch im Innern werden die westlichen Demokratien zunehmend bedrängt. «Populismus» hat sich als Sammel- und zugleich als Verlegenheitsbegriff eingebürgert, um die Gemeinsamkeit von Phänomenen zu beschreiben, die sich national jeweils recht unterschiedlich darstellen.[3] Der amerikanische Präsident Donald Trump stilisiert sich als Vertreter des einfachen Volkes gegen das Washingtoner Establishment und gibt nichts auf traditionelle Formen der Politik, ist aber durch die «Grand Old Party» der Republikaner an die Macht gekommen. Die United Kingdom Independence Party (UKIP) zielte vor allem auf den Austritt des Vereinigten Königreichs aus der EU, für den sie offenkundig auch den Einsatz von *fake news* nicht scheute.[4] Rechtspopulistische Bewegungen wie der französische Rassemblement National, die niederländische Partij voor de Vrijheid, die Finnen, die Freiheitliche Partei Österreichs oder die Alternative für Deutschland haben ihren ideologischen Kern in einem ethnisch verstandenen Nationalismus, der sich gegen Zuwanderung und insbesondere gegen den Islam richtet. In ihrer Kritik an der Europäischen Union und in manchen sozialpolitischen Forderungen treffen sie sich mit Linkspopulisten in Frankreich, Italien und Griechenland, die gegen den ‹neoliberalen Konsens› und die ‹Herrschaft der Konzerne› in Europa kämpfen. Mit den Cinque Stelle bilden sie in Italien sogar ein Regierungsbündnis mit der rechtsnationalistischen Lega. Besondere Fälle stellen die Regierungen in Ungarn und in Polen dar, die im

Falle Viktor Orbáns von ‹illiberaler Demokratie› sprechen und insbesondere in den Bereich der Medien und der Justiz eingreifen.

All diese Bewegungen handeln nach der Devise ‹für die Nation, gegen die Eliten›: Die Nation werde von außen bedroht, so das Narrativ, aber die Eliten kümmerten sich nicht darum. Die populistischen Bewegungen hingegen nehmen für sich in Anspruch, das ‹wahre Volk› gegen das ‹Establishment› zu vertreten. Dabei neigt die Kritik an den bestehenden Verhältnissen und den Eliten zu Verschwörungstheorien wie zum Beispiel der Annahme, Angela Merkel verfolge ein Programm der ‹Umvolkung› Deutschlands.[5] Solche Vorstellungen eines einheitlichen, steuernden Willens bieten einfache Erklärungen für komplexe, widersprüchliche Realitäten. In diesem Willen zur Eindeutigkeit sind populistische Bewegungen zugleich antipluralistisch.

Solchen gemeinsamen Phänomenen stehen unterschiedliche Ursachen gegenüber. Es lässt sich nicht genau unterscheiden, ob die populistischen Bewegungen vor allem auf sozial-ökonomische Verlusterfahrungen und Abstiegsängste zurückgehen oder ob sie auf politische und kulturelle Konfliktlinien zurückzuführen sind, die durch den Zuzug von Migranten noch verstärkt wurden.[6] Beides muss aber auch kein Gegensatz sein, weil sich sozialökonomische und politisch-kulturelle Prozesse in den Basistrends des frühen 21. Jahrhunderts überlagern.[7]

Die Digitalisierung verstärkt einen bereits seit Jahrzehnten währenden Prozess, in dem Dienstleistungen im Vergleich zum produzierenden Gewerbe immer weiter zunehmen. Zugleich hat die Bildungsexpansion eine immer größere Zahl von akademisch Qualifizierten hervorgebracht. Und eine fortschreitende Lösung der Individuen aus kollektiven Bindungen hat die Unterschiedlichkeit der Lebensstile vervielfältigt. Alles in allem haben sich die Standards dessen verschoben, was noch in den 1970er Jahren als normal galt: die Kleinfamilie mit heterosexuellem Elternpaar, das sogenannte Normalarbeitsverhältnis oder die Volksparteien.

Diese Entwicklungen gingen mit Prozessen der Auf- und der Abwertung einher. Verlierer waren die nichtakademischen Unterschichten der Geringqualifizierten, deren un- und angelernte industrielle Beschäftigungsverhältnisse verloren gingen. Sie müssen sich mit prekären Jobs über Wasser halten oder haben sich in den sozialen Sicherungssystemen eingerichtet. Daneben mussten die alten Mittelschichten erleben, wie ihre mittleren Berufsabschlüsse gegenüber akademischen Abschlüssen an Wert verloren und wie ihre Zukunftsaussichten angesichts von Digitalisierung und Globalisierung mit ihren sich schnell wandelnden Anforderungen unsicherer wurden. Besonders betroffen waren davon die Peripherien der Kleinstädte und der ländlichen Regionen.

Ihnen gegenüber stehen die Gewinner: eine hoch qualifizierte akademische Mittelschicht in kosmopolitischen urbanen Zentren, die zugleich den Anspruch gesellschaftlicher Vorbildlichkeit erhebt. So bildete sich, wie es Andreas Reckwitz interpretiert, eine neue kulturelle Klassengesellschaft heraus, deren Statusunterschiede durch hohe Immobilienpreise in den Städten, durch Bildungsabschlüsse und durch Lebensstile des Essens, des Reisens oder der Körperkultur sichtbar werden.[8] Diese Entwicklung wurde noch verstärkt durch die weibliche Emanzipation in der Arbeitswelt. Da der Inhaber einer Facharztpraxis nicht mehr (oder viel seltener) die Sprechstundenhilfe heiratet, sondern eine Ober- oder Chefärztin, vergrößern zwei gut verdienende Partner die sozialkulturelle Ungleichheit und die Segregation gegenüber nichtakademischen Schichten im Vergleich zu Zeiten männlicher Alleinverdienerfamilien.

Diese Eliten verkörpern einen kulturellen und ökonomischen Globalismus der Grenzüberschreitung, der Öffnung und der kulturellen Hybridbildungen, der sich sowohl in einem neoliberalen Finanzmarktkapitalismus als auch in der Kultur von Diversität, Antidiskriminierung, *gender mainstreaming* und Inklusion niederschlägt. Diesen *Anywheres*, wie David Goodhart sie genannt hat,[9] stehen die *Somewheres* gegenüber, die sich in ihrem Status bedroht fühlen und von einer herablassenden Kulturelite missachtet sehen, wenn Hillary Clinton im amerikanischen Präsidentschaftswahlkampf 2016 von den «Bedauernswerten», den «Deplorables» sprach.[10] Sie wählten Donald Trump, oder sie zogen sich gelbe Westen an und protestierten in Frankreich – gegen neoliberale Bankmanager ebenso wie gegen globale grüne Eliten, denen hohe Kraftstoffpreise nichts ausmachen: «Die weltoffenen Gewinner der Globalisierung in den Städten gegen ihre Verlierer an den Rändern. Die aufgeklärten ‹Gutmenschen› des ökologischen Umbaus gegen die Populisten, die sich der Volkserziehung verweigern. Die Partei des Fortschritts gegen die hinterwäldlerischen Nationalisten. Grün und Geld gegen Gelb und Arm. Die einen fürchten das Ende der Welt, die anderen das Ende jedes Monats.»[11]

Wie die Pariser Ereignisse zeigten, ist es mit einfachen Zuschreibungen von links und rechts nicht getan. Vielmehr formiert sich Protest gegen ein als überheblich und abgeschlossen wahrgenommenes politisches Establishment, dem auch ein Emmanuel Macron zugerechnet wird, obwohl gerade er sich doch mit *La République en Marche* als neuer Bewegung gegen das Establishment profiliert hatte.

Zugleich offenbarten die Pariser Ereignisse, welche politische Bedeutung digitale Medien und soziale Netzwerke gewonnen haben. Nur durch das Internet hatten die Initiatoren – eine ehemalige Bankangestellte, ein Fernfahrer und eine Hypnotherapeutin – die Möglichkeit, die Bewegung gegen die

Erhöhung der Treibstoffabgaben zu initiieren, bevor sie in Proteste und Straßensperren samt gewaltsamer Auseinandersetzungen überging. Diese Diffusion der Öffentlichkeit entzieht den traditionellen Eliten ihre Deutungshoheit, wie Donald Trumps Twitter-Kommunikation zeigt. Teilöffentlichkeiten führen zugleich zur Bildung von Blasen, in denen sich die eigene Meinung immer weiter verstärkt, wie sich an Verschwörungstheorien oder am Vorwurf der ‹Lügenpresse› auf Seiten der AfD ablesen lässt.[12] Ebenso neigen aber auch die Massenmedien zu sich selbst ver- und bestärkenden Blasenbildungen des *mainstreams*, wie zum Beispiel in der Flüchtlingspolitik des Herbstes 2015 sichtbar wurde.[13] Das Ergebnis ist eine zunehmende Polarisierung der politischen Öffentlichkeit, die durch Moralisierung noch zusätzlich angeheizt wird.

Moralisierung und Polarisierung

Was auf der rechten Seite geschieht, lässt sich als Moralisierung des Eigenen bezeichnen. Oder als Abwehr des Kosmopolitismus durch einen Kulturessentialismus, der die eigene Kultur für wesentlich und unverhandelbar erklärt.[14] Dabei mischen sich reale Probleme wie die Erfahrung der Machtlosigkeit und des Kontrollverlusts der deutschen Politik in der Migrationskrise 2015/16 mit Ressentiments gegen Zuwanderung und Islam sowie gegen ‹das Establishment› und die ‹Lügenpresse›. Dabei rekurriert die neue Rechte auf ein Denken in den Kategorien von Freund und Feind in der Tradition von Carl Schmitt: ‹wir› gegen ‹die›, gutes Volk gegen korrupte Eliten, Abendland gegen Islam. Zugleich greifen Metaphern wie «Blutsauger» oder «Vampir» für das Finanzkapital oder «Monster» für die EU auf Ernst Jüngers Devise zurück: «Das

Volk bedarf anschaulicher und nicht begrifflicher Wahrheiten.»[15]

Was auf der linken Seite geschieht, lässt sich als Moralisierung des Regenbogens bezeichnen. Das Paradigma von Diversität und Antidiskriminierung, *gender mainstreaming* und Inklusion geht auf den postmodernen Dekonstruktivismus der achtziger Jahre zurück und wurde zur Leitkultur westlicher Gesellschaften, spätestens nachdem das marktliberale Paradigma mit der Weltfinanzkrise von 2008 seine politisch-kulturelle Glaubwürdigkeit verlor.[16] Die Kultur des Regenbogens erbrachte überfällige Emanzipationsgewinne für vormals Benachteiligte und Marginalisierte, insbesondere für Frauen und für Homosexuelle.

Sie neigt aber zugleich zu einer ideologischen Verabsolutierung, die aus mangelnder Selbstreflexion resultiert. Grundlage des Weltbildes von postmodernem Dekonstruktivismus, Feminismus und Postkolonialismus ist nämlich die kritische Einsicht, dass Ordnungskategorien wie Nation oder Geschlecht keine naturgegebenen Größen sind, sondern dass das ‹Wir› erst durch die Konstruktion des ‹Anderen› erschaffen wird. Das hindert seine Vertreter in Kulturbetrieb und Wissenschaft, Leitmedien und Politik aber nicht daran, sich nach ebendiesen Mechanismen durch die Abgrenzung von ‹rechts› selbst zu bestätigen.[17] Dabei greifen sie umstandslos zum Vorwurf des Rassismus und des Sexismus, wenn Mohren-Apotheken mit Farbbeuteln beworfen werden, Eugen Gomringers Gedicht «Avenidas»[18] von der Fassade der Alice-Salomon-Hochschule in Berlin entfernt werden sollte und ‹alte weiße Männer› zum Feindbild gemacht werden. Ausgrenzung findet dabei nicht durch formelle Redeverbote statt – sagbar ist tatsächlich alles, was nicht mit Recht und Gesetz in Konflikt kommt –, sondern durch moralische Empörung.

Die aber wirkt. Denn Moralisierung erhöht den Sprechenden und verleiht seiner Position vermeintlich objektiven, nicht bestreitbaren Status, während der Gegner als moralisch minderwertig disqualifiziert wird.[19] Auf diese Weise wird seine Meinung aus dem Kreis desjenigen ausgeschlossen, «was man öffentlich äußern kann, ohne sich zu isolieren» – so Elisabeth Noelle-Neumanns klassische Definition der «öffentlichen Meinung».[20] Damit erklärt sich der Sprecher für alternativlos, und so erweisen sich Kulturalismus von links und Populismus von rechts als gleichermaßen antipluralistisch. Zugleich schaukeln sich die kosmopolitischen und die rechtspopulistischen Echokammern, moralische Überheblichkeit von links und Ressentiment gegen «political correctness» von rechts gegenseitig auf.[21] Was den einen ‹Münklerwatch› – die öffentliche Diffamierung eines Hochschullehrers –, ist den anderen ‹Lehrerwatch›, die AfD-Plattform «Lehrer-SOS», auf der Schüler unkorrektes Verhalten von Lehrern öffentlich melden sollen.

Dazwischen steht die politische Mitte unter Druck – und verharrt in einer Mischung aus Empörungsritualen und Sprachlosigkeit oder auch stiller Wut. Angela Merkels Regierungsstil der Alternativlosigkeit, der asymmetrischen Wählerdemobilisierung (d. h. Stellungnahmen zu kontroversen Themen zu vermeiden, damit die potentiellen Wähler des politischen Gegners nicht zur Wahl gehen)[22] und der rotgrünen Verschiebung der CDU hat die Debattenkultur in der Mitte der Gesellschaft lahmgelegt und politische Konflikte an die Ränder verlagert. Das «System Kauder» erzwang Geschlossenheit der Parlamentsfraktion und verlagerte sich auf die Routinen eines Regierens auf schwächer werdender Basis. Das galt auch für die SPD, die es niemals schaffte, Gerhard Schröders Agenda 2010 als ihre Erfolgsgeschichte des deutschen Aufschwungs seit 2005 anzunehmen, die sich aber auch nicht konsequent von diesem Erbe distanzierte – und bislang keine programmatische Antwort auf die Frage fand, wofür die Sozialdemokratie im 21. Jahrhundert eigentlich steht.

Das Ende der Volksparteien?

Das Problem ist freilich nicht auf Deutschland beschränkt. Seit Jahrzehnten verlieren die Volksparteien bzw. die großen Richtungsparteien in ganz Europa Wähler, Mitglieder und Vertrauen. Der Abwärtstrend der europäischen Mitte-Links-Volksparteien begann, nachdem sie Anfang der siebziger Jahre ihren Höhepunkt erreicht hatten. Und er beschleunigte sich seit Ende der 90er Jahre, also gerade seit der Zeit, als New Labour, die Partij van de Arbeid oder die SPD unter Gerhard Schröder sich auf einen ‹dritten Weg› gemacht hatten. Der Politikwissenschaftler Wolfgang Merkel sieht darin einen «Hinweis darauf, dass sich für Mitte-Links-Parteien die Preisgabe ihres ideologischen Markenkerns längerfristig nicht in Gewinnen, sondern in Wählerverlusten ausdrückt».[23]

Bei den Mitte-Rechts-Volksparteien verlief die Entwicklung langsamer und kontinuierlicher. Auf europäischer Ebene erreichten sie ihren Höhepunkt Anfang der 60er Jahre, in der Bundesrepublik zwischen den späten 50ern und den achtziger Jahren. Auch ihre Entwicklung hin zur Mitte führte zu einer «Beschädigung des konservativen Markenkerns», der vor allem im 21. Jahrhundert einen Raum eröffnete, in dem sich rechtspopulistische Parteien etablierten. Eine Ausnahme stellte das Vereinigte Königreich dar, wo das Mehrheitswahlrecht für stabile Verhältnisse eines von zwei Parteien dominierten Parlaments sorgte. Daneben verblieb die CDU/CSU als eine der letzten Volksparteien in Europa. Aber auch sie erlebte in der langen Linie einen Rückgang um ein Drittel der Wähleranteile: von 48,8 % bei Regierungsantritt Helmut Kohls im Jahr 1983 über 38,5 % mit Edmund Stoiber in der Bundestagswahl von 2002 auf 32,9 % in der letzten Bundestagswahl mit Angela Merkel 2017; im Oktober 2018 erreichten die Umfragewerte die 25 %-Marke.

Der europaweite Niedergang der großen Parteien hatte strukturelle Gründe, insbesondere die Auflösung vergleichsweise geschlossener sozialkultureller Milieus, die traditionell die Wählerbasis der großen Parteien gewesen waren: das Milieu der Arbeiterschaft im Falle der Sozialdemokraten, das katholisch-christlich gebundene Milieu im Falle der Unionsparteien. Zugleich war diese Entwicklung nicht nur eine Naturgewalt, sondern sie hing auch mit Richtungsentscheidungen der Parteiführungen zusammen. Im Falle der CDU bedeutete die sogenannte «Modernisierung» unter Angela Merkel, sich an rot-grüne Positionen und Wählerschichten anzunähern und an die «Erwartungen der dominierenden Medien»[24] anzupassen, die ihr umgekehrt entsprechende Sympathien entgegenbrachten.[25] Diese Symbiose mit dem politisch-kulturellen *juste milieu* zeigte sich insbesondere in der Flüchtlingspolitik im Herbst 2015, als weite Teile der Medien selbst politisch Partei nahmen und kritische Gegenstimmen zur Regierungspolitik «in belehrendem oder [...] auch verächtlichem Ton» herabwürdigten.[26] Ähnliche Mechanismen ließen sich auch im Falle anderer großer Entscheidungen wie der Energiewende oder der Aussetzung der Wehrpflicht, der Familienpolitik oder der Ehe für alle beobachten.

Diese Politik nahm insbesondere der SPD die Luft zum Atmen und war ein Grund für ihren beschleunigten Niedergang,[27] der wiederum der Union ihre Regierungsfähigkeit sicherte. Zugleich eröffnete die CDU auf diese Weise eine Repräsentationslücke in der rechten Mitte. Die Vernachlässigung des liberalkonservativen Teils führte zu einer inneren

Spaltung der Partei, die sich spätestens auf dem Hamburger Parteitag im Dezember 2018 offenbarte, als fast die Hälfte der Delegierten für Friedrich Merz und damit bewusst gegen den Kurs von Angela Merkel stimmte. Schon 2013 hatte sich eine neue Partei rechts der Union gebildet, die sich mit ihrer Kritik an der Euro-Rettungspolitik unter Bernd Lucke zunächst als liberal-konservative Abspaltung von der CDU präsentierte, dann aber markant nach rechts bewegte.

Auch diese Abspaltung, in Verbindung mit der Schwäche der SPD, sicherte der CDU einstweilen ihre strategische Regierungsfähigkeit, da Koalitionsoptionen ohne die CDU nicht in Sicht waren. Diese Pluralisierung der Parteien machte es zugleich immer schwieriger, handlungsfähige Regierungen zu bilden, wie sich bei den gescheiterten Verhandlungen über ein Bündnis aus CDU/CSU, FDP und Grünen nach der Bundestagswahl von 2017 zeigte.

Dabei steht der nachlassenden Integrationskraft der Parteien, so Wolfgang Merkel, ihre konstante gesellschaftlich-politische Macht gegenüber. Dass dieser Befund an die Kritik erinnert, die Wilhelm Hennis bereits in der alten Bundesrepublik der 80er Jahre übte, die Parteien hätten sich «überdehnt» und vom Volk «abgekoppelt»,[28] zeigt auf der einen Seite, dass die Probleme der Gegenwart nicht ganz neu sind. Das ändert auf der anderen Seite aber nichts daran, dass die schwindende Akzeptanz der Parteien und ihre daraus resultierenden Rekrutierungsprobleme die Gefahr mit sich bringen, dass die gesamte repräsentative Demokratie an Legitimität und Akzeptanz verliert.

Gehen die Volksparteien – also Parteien, die sich an das ganze Volk, nicht nur an eine bestimmte Klientel wie Klassen, Konfessionen oder Milieus wenden –, gehen die klassischen politischen Richtungen und Strömungen insgesamt ihrem Ende zu? So wird es oft gesagt, und vielleicht stimmt es auch.

Die klassischen sozialmoralischen Milieus als Stützen der Volksparteien sind weitgehend verschwunden. *Social media* verändern die politische Kommunikation, indem sie traditionellen Eliten ihr Monopol nehmen und neuen Akteuren neue Wege der Kommunikation eröffnen, wie Donald Trumps Regieren via Twitter zeigt. Die Konfliktlinien zwischen *Anywheres* und *Somewheres* sind ganz andere als die überkommenen politischen Formationen, aus denen sich die klassischen europäischen Richtungsparteien herausgebildet haben. Probleme wie Klimawandel, Digitalisierung und Mobilität der Zukunft, Ferkelkastration oder das Monopol von Google, Apple, Facebook und Amazon passen möglicherweise tatsächlich nicht mehr in das traditionelle Rechts-Links-Schema. Vielleicht erleben wir einen folgenreichen Strukturwandel von Erwartungen des Allgemeinen zu Erwartungen des Besonderen, wo doch demokratische Politik klassischerweise der Agent des Allgemeingültigen war.[29]

Und doch sind all dies einstweilen Vermutungen, denen bislang jedenfalls keine tragfähige Alternative gegenübergestellt worden ist. Einstweilen bleibt auch völlig offen, ob auf Parteiführer zugeschnittene «Bewegungen», die zuletzt in Frankreich oder in Österreich Wahlen gewannen, die Antwort der politischen Mitte auf die populistischen Bewegungen und die Erosion der Volksparteien sein können. Solange dies alles aber nicht klar ist, empfiehlt es sich – auf konservative Weise im besten Sinne –, am Bewährten festzuhalten. Noch einmal mit Wolfgang Merkel gesprochen: «Ohne starke Parteien funktionieren repräsentative Demokratien nicht»,[30] auch wenn sie nicht zu alter Stärke der 70er Jahre zurückkehren werden.

Notwendig, ja überlebenswichtig ist dafür die Wiederbelebung unterscheidbarer, inhaltlich profilierter Volksparteien, die zugleich dem fatalen Hang der Politik zur Selbstentmachtung begegnet, sei es gegenüber den Finanzmärkten, gegenüber dem Aufstieg Chinas oder gegenüber Algorithmen. Politik kann gestalten, aber sie muss es auch wollen. Dazu bedarf es demokratischer Debatten über politische Konzepte und Alternativen. In diesem Sinne geht es in den nächsten Kapiteln um einen modernen Konservatismus als Kern einer Volkspartei der rechten Mitte.

II
Konservativ 21.0

Ein Kind des Wandels

«Was ist konservativ?» Die Frage ist so alt wie die Sache des Konservativen selbst. Als Bezeichnung einer politischen Richtung kam der Begriff 1818 mit François René de Chateaubriands royalistischer Zeitschrift «Le Conservateur» auf. Der Bezug auf das (nach-)revolutionäre Frankreich ist kein Zufall. Denn hier nahm auch die Sache ihren Anfang: mit den Reflexionen des britischen Schriftstellers, Staatsphilosophen und Politikers Edmund Burke über die Revolution in Frankreich aus dem Jahr 1790. Das heißt: Die politische Bewegung des Bewahrens war schon in ihrer Entstehung an den Wandel gebunden, den die Französische Revolution in die politische Welt gebracht hatte.

Dabei war Edmund Burke gar nicht grundsätzlich gegen eine Revolution an sich – wenn sie ein verlorenes Gleichgewicht wiederherstellte, so wie es, seiner Meinung nach, in England 1688 der Fall gewesen war. Burke war ohnehin ein Anhänger der Rechte des Parlaments, kein Vertreter der monarchischen Herrschaft. Das macht seine liberale Grundierung aus, ganz ähnlich wie im Falle von Professoren wie Hermann Lübbe, die nach 1968 aus der Kritik an der Radikalisierung dieser Bewegung einen liberalen Konservatismus begründeten. Burke kritisierte an der Französischen Revolution, dass sie keine Ordnung wiederherstellte, sondern im Gegenteil ihre tradierten Grundlagen zerstörte. Tatsächlich hatte er schon früh die Radikalisierung der Revolution prognostiziert und ihren Hang zum Terror erkannt.

Burke rechnete mit der «barbarischen Philosophie» der revolutionären Rationalisten ab und formulierte dabei Grundlagen eines konservativen politischen Denkens. Er wandte sich gegen «metaphysische Abstraktion» und mechanisch-theoretische Ratio und setzte stattdessen auf Erfahrung, Kontextsensibilität und Alltagsvernunft («practical wisdom»). Und mehr noch: Er provozierte die Rationalisten, indem er ihnen Instinkt und Vorurteil als Vernunft mit Zuneigung («reason [...] and an affection») und als «Weisheit ohne darüber nachzudenken» («wisdom without reflection») vorhielt.

Mit einer Mischung aus Nüchternheit und Gelassenheit ging Burke davon aus, dass der Mensch sich nicht perfektionieren lasse, sondern von Natur aus fehlerhaft sei: «Wir sind grundsätzlich Wesen ungelehrter Gefühle.» Daher bedürfe es der Ordnung, sowohl in horizontaler als auch in vertikaler Hinsicht. Vertikal, insofern diese Ordnung aus Ungleichen bestand. Und horizontal, insofern sie zeitlich weit ausgriff: als «Partnerschaft nicht nur zwischen den Lebenden, sondern zwischen den Lebenden, den Toten und denen, die noch geboren werden».

Diese lange gewachsene Ordnung besaß ihre eigene Würde, wobei sich im Verlauf ihrer Entwicklung auch Fehler einschlichen. Die galt es, so Burke, «so wie die Wunden eines Vaters» mit Vorsicht zu behandeln, Veränderungen am kranken Teil vorzunehmen, nicht aber am Ganzen. «Bereitschaft zum Bewahren und Fähigkeit zur Verbesserung, beides zusammen, das wäre mein Maßstab für einen Staatsmann.»[1]

In diesem Sinne wurde das Vereinigte Königreich zu dem Land, in dem sich die parlamentarische Tradition des politischen Konservatismus herausbildete. Sie trug wesentlich dazu bei, dass sich das politische System ohne gewaltsame revolutionäre Brüche von der Herrschaft des Königs über die Herrschaft des (von wenigen Besitzenden gewählten) Parlaments zur modernen Demokratie wandelte.[2] Dieses Prinzip des evolutionären Wandels erklärte Lord Derby 1858 vor dem Oberhaus, als die britischen Konservativen unter seiner Führung die Regierung übernahmen:

> «My Lords, es gibt keinen größeren Irrtum, als anzunehmen, dass eine konservative Regierung eine Regierung des Stillstands ist. [...] Unsere gesamte Verfassung ist das Ergebnis ständigen Wandels. Wie die altehrwürdigen Landhäuser in England ist sie von den aufeinander folgenden Bewohnern gestaltet worden, ohne große Rücksicht auf architektonische Einheitlichkeit oder Regelmäßigkeit der Silhouette, sondern indem hier ein Fenster ergänzt und dort ein Giebel entfernt wurde, oder indem etwas angebaut worden ist, so wie es passend schien, nicht um der Schönheit der äußeren Struktur willen, sondern, und das ist wichtiger, des Nutzens und der Bequemlichkeit der Bewohner wegen. My Lords, dieselbe Richtung muss auch in der Politik und überall sonst verfolgt werden: ein ständiger Fortschritt, der die überkommenen Verhältnisse verbessert, unsere Institutionen an veränderte Zwecke anpasst, denen sie dienen sollen, und durch vernünftige Veränderungen den gewachsenen Anforderungen der Gesellschaft entspricht.»[3]

Der große Unterschied: Liberaler und illiberaler Konservatismus

Was Derby damit ansprach, war der grundlegende Unterschied zwischen ‹konservativ›, ‹traditionalistisch› und ‹reaktionär›. Der Traditionalist will, dass alles so bleibt, wie es ist. Der Reaktionär will darüber hinaus das Rad zurückdrehen, zurück zu einem vermeintlich goldenen Zeitalter.[4] Der Konservative hingegen weiß, dass nichts zurückkommt und das goldene Zeitalter nicht wirklich golden war. Soll der Konservative aber, so die Gegenfrage, Fehlentwicklungen nicht revidieren? Tatsächlich: Im Einzelnen mag dies möglich sein. Grundsätzlich aber lassen sich Entwicklungen aller Erfahrung nach nicht umkehren.

Das galt im 19. Jahrhundert zum Beispiel für die Demokratie, ein Schreckbild für die britischen Konservativen, wie es Robert Cecil, der spätere 3. Marquess of Salisbury und mehrfache Premierminister, 1861 in drastischen Farben malte:

> «Es ist immer schwer, einer großen Gruppe eine weitsichtige, vernünftige Politik nahezubringen; und es ist vollkommen unmöglich, wenn es sich um Menschen handelt, die nicht an selbständiges Denken gewöhnt und die nicht mit Bildung vertraut sind. [...] Erstklassige Männer machen keinen Wahlkampf beim Mob. Und wenn sie es täten, würde der Mob die erstklassigen Männer nicht wählen. [...] Der Mob verlangt mehr Schöntuerei und Unterwürfigkeit als die Schöntuerei und Unterwürfigkeit, die an despotischen Höfen blühen.»[5]

Nun waren es aber eben jene britischen Konservativen, die 1867 unter der Führung von Benjamin Disraeli die zweite von drei großen Wahlrechtsreformen im 19. Jahrhundert durchsetzten und dabei die Liberalen, die eigentlichen Champions der Reform, links überholten, indem sie eine größere Ausweitung der Wahlberechtigten herbeiführten, als die Liberalen sie geplant hatten. Indem sie die Wahlrechtsqualifikation an die persönliche Zahlung von Steuern banden, weiteten sie das konservative Prinzip des gemeinwohlverpflichteten Eigentums weit aus und bewahrten es zugleich gegenüber der Forderung nach einem allgemeinen Wahlrecht. Disraeli konnte also behaupten, Demokratisierung zu betreiben, um die Demokratie zu verhindern. Zugleich setzten die Konservativen einen Meilenstein auf dem britischen Weg in die Moderne durch evolutionären Verfassungswandel.[6] Und es war der bereits zitierte 3. Marquess of Salisbury, der knapp zwanzig Jahre später die dritte große Wahlrechtsreform mit der Maßgabe durchsetzte, den «Wandel zu verzögern, bis er harmlos geworden ist»,[7] um ihn dadurch erträglich zu machen.

Die britischen Konservativen blieben parlamentarisch-evolutionär, auch gegenüber totalitären Versuchungen im 20. Jahrhundert. Illiberale Varianten wie zum Beispiel die Neo-Tories in den 30er Jahren oder erst recht die British Union of Fascists konnten sich jedenfalls nicht durchsetzen.[8] Das unterschied die britischen Konservativen von den deutschen.

Die preußischen Konservativen hatten sich über ihre Haltung zu Bismarck und seiner revolutionären Umgestaltung der Verhältnisse in den 60er Jahren des 19. Jahrhunderts gespalten. So gab es im Kaiserreich zwei konservative Parteien: die preußischen, ländlich-agrarisch ausgerichteten Alt- bzw. Deutschkonservativen, die mit Bismarck fremdelten, und die Freikonservativen, die ihn unterstützten und insgesamt pragmatischer und kompromissfähiger waren. Beide waren protestantisch orientiert, während katholische Konservative, weil die konfessionelle Bindung überwog, ihre politische Heimat eher in der katholischen Zentrumspartei fanden.

Um die Wende vom 19. zum 20. Jahrhundert machte sich angesichts einer beschleunigten technologisch-ökonomischen Entwicklung mit ungewisser Richtung ein Gefühl der Krise der bürgerlichen Moderne breit, dessen Verlustängste Oswald Spenglers berühmt-berüchtigter (wenn auch erst nach dem Ersten Weltkrieg publizierter) Titel vom «Untergang des Abendlandes» zum Ausdruck brachte.[9] Dieser Kulturpessimismus äußerte sich gerade unter den Konservativen in Ressentiments gegen liberale Prinzipien und Pluralismus. Unter den Deutschkonservativen sickerten zugleich zunehmend völkisch-nationalistische und antisemitische Elemente ein.[10]

Tief erschüttert durch die Niederlage im Ersten Weltkrieg und den Verlust der Monarchie, formierten sich die Konservativen des Kaiserreichs in der Weimarer Republik als republikfeindliche antiparlamentarische Rechte, die sich in der Deutsch-Nationalen Volkspartei als konservativer Sammlungspartei konzentrierte.[11] Ansätze zu einem republikanischen Konservatismus blieben hingegen stecken. Auch die Wahl des Feldmarschalls Paul von Hindenburg, eines echten altpreußischen Konservativen, zum Reichspräsidenten 1925 führte nicht zu einer nachhaltigen Annäherung der Konservativen an die Republik. Stattdessen radikalisierte sich die DNVP in der Weltwirtschaftskrise Anfang der 30er Jahre, die sich bald zur Staatskrise auswuchs.

Flankiert wurde die «nationale Opposition» gegen die parlamentarische Republik durch eine neue Bewegung im konservativen Spektrum: die «konservative Revolution», wobei dieser Begriff systematisch erst nach 1945 aufkam.[12] Diese Bewegung ging aus einer Melange von Fronterlebnis und Gewalterfahrungen im Ersten Weltkrieg, aus unbewältigter Kriegsniederlage und Demütigung durch Versailles, aus einer gerade in Deutschland verbreiteten Kultur der Unbedingtheit und dem Rückgriff auf Friedrich Nietzsches Diktum hervor, «was fällt, das soll man auch noch stoßen».[13] Daraus erwuchs ein revolutionärer Gestus mit dem Ziel, «Dinge zu schaffen, die zu erhalten sich lohnt»[14] bzw. eine durch «das organische Führerwachstum» und «Volkspersönlichkeit» gekennzeichnete Vergangenheit neu zu errichten.[15] Unterfüttert wurde dies durch eine Philosophie der «Tat» (Hans Zehrer), das Freund-Feind-Denken von Carl Schmitt oder Ernst Jüngers Ideen der Mobilmachung sowie einen extremen Nationalismus, der auch sozialistische Begrifflichkeiten übernahm.

Diese «konservative Revolution» war etwas ganz anderes als der altpreußische bzw. deutsche Konservatismus vor 1914 und erst recht als der evolutionäre, reformerische Konservatismus in der britischen Tradition; vielmehr stand er in grundsätzlicher Opposition zu den westlichen Ideen und Idealen von Liberalismus, Parlamentarismus und Individualismus. Die Vorstellung von der revolutionären Wiedereinsetzung des ewig Gültigen war hingegen ein reaktionäres Trugbild, das sich an die Ideen eines «Dritten» oder «Tausendjährigen Reiches» anschließen ließ und den deutschen Konservatismus mit dem revolutionären Totalitarismus verband.

Dass Konservative schließlich zu Attentätern Hitlers und zu führenden Figuren des Widerstands gegen den Nationalsozialismus wurden, dass einige von ihnen schon im Sommer 1934 der Mordaktion gegen die SA-Führung zum Opfer fielen, dass auch der parteipolitisch organisierte Konservatismus mit der Auflösung der Parteien im Sommer 1933 endete und dass viele Konservative Hitler und die Nationalsozialisten zunächst für bedrohlich vulgär und demagogisch hielten – all dies änderte nichts daran, dass Konservative Hitler zur Macht verholfen hatten und den Nationalsozialismus über lange Zeit stützten, zumal nachdem der «Tag von Potsdam» am 21. März 1933 als Versöhnung von preußisch-deutschem Konservatismus und NS-Bewegung inszeniert worden war. Im Nationalsozialismus war unter Konservativen die gesamte Bandbreite des Verhaltens zu beobachten: von Anpassung und Zustimmung über innere Emigration und äußeres Exil bis zur nationalkonservativen Opposition und aktivem Widerstand, zumeist aus Enttäuschung über den Kriegsverlauf. Der deutsche Konservatismus aber war 1945 mit dem untergegangenen NS-Regime diskreditiert.

Nach dem Zivilisationsbruch des Holocaust und der totalen Kapitulation von 1945 konnten Konservative in Deutschland weder an ein «gewachsenes und geschichtliches Erbe»[16] anknüpfen, noch den Nationalsozialismus einfach als Ausnahme abtun, mit der sie nichts zu tun hatten.[17] Stattdessen waren Konservative gezwungen, sich mit den antiliberalen Traditionen konservativer Politik und Sprache auseinanderzusetzen und sich mit dem neuen und nunmehr verpflichtenden normativen Rahmen der parlamentarischen Demokratie zu arrangieren. Die Suche nach einem neuen Konservatismusbegriff vollzog sich dabei im Wesentlichen auf drei Wegen.[18]

Ein technokratischer Konservatismus betonte die «Sachzwänge» der industriellen Welt. Er stilisierte sich als unpolitisch, tradierte mit kulturkritischen Auffassungen von «Technik» und «Masse» aber in Wahrheit ältere illiberale und antipluralistische Tendenzen.

Ein zweiter Weg führte über die Abendland-Bewegung, die aus katholischen Vorstellungen einer ständischen Gesellschaft und einer supranationalen Gemeinschaft des katholischen Abendlandes hervorging. Sie mündete nach dem Zweiten Weltkrieg in eine überkonfessionelle Ideologie, die sich gegen den kommunistischen Kollektivismus richtete, aber auch vom sogenannten Materialismus der USA abgrenzte. Sie schlug zum Beispiel für Hans Freyer, der 1931 für eine «Revolution von rechts» plädiert hatte, die Brücke hin zur Anerkennung des liberalen Rechtsstaates und der demokratischen Moderne.

Eine dritte Variante, die Demokratisierung des deutschen Konservatismus und seine Aussöhnung mit der Westbindung der Bundesrepublik, führte über die Rezeption von Alexis de Tocquevilles «De la démocratie en Amérique» sowie die Anerkennung der Institutionen der bundesdeutschen Verfassungsordnung, mit der Konservative wie Helmut Schelsky oder Arnold Gehlen geradezu einen «Verfassungspatriotismus *avant la lettre*» praktizierten. Zugleich entwickelten Intellektuelle wie Hermann Lübbe, Odo Marquard oder Robert Spaemann einen liberalen Konservatismus, der sich von Traditionen des Kulturpessimismus oder der Polarität im Sinne Carl Schmitts löste.[19]

Es waren schließlich Professoren-Intellektuelle wie Hans Maier, Wilhelm Hennis oder Erwin Scheuch, darunter auch ehemalige Sozialdemokraten, die sich durch «1968» und den Machtanspruch der Neomarxisten herausgefordert sahen und der wahrgenommenen Hegemonie der kulturellen Linken entgegentraten. Hermann Lübbe formulierte einen liberalen Begriff des Konservativen als Praxis der Vernunft im Einklang mit Aufklärung und Moderne, um die Nebenfolgen des Fortschritts zu bewältigen. Er rekurrierte auf Edmund Burke und verband den Konservatismus mit dem Liberalismusbegriff, mit Freiheit und Demokratie, Institutionen und Ordnung sowie Realismus und Pragmatismus, während Dolf Sternbergers Konzept des «Verfassungspatriotismus» ein ethnisches Verständnis von Staat und Nation überwand.[20]

Dieses Konservatismuskonzept fand sich in den 70er und 80er Jahren zwischen den Überhängen eines illiberalen Konservatismus und polemischer Abwehr von links wieder. Sozialdemokratisch orientierte Politikwissenschaftler und Historiker betonten die antidemokratischen Kontinuitätsstränge des deutschen Konservatismus, die in den Nationalsozialismus führten. Neumarxistische Linke im Gefolge von 1968 identifizierten «konservativ» weitgehend mit «faschistisch», und Jürgen Habermas kritisierte Neokonservative als antidemokratisch und antiwestlich.[21] Umgekehrt unterschied Erhard Eppler zwischen «Strukturkonservatismus», der auf Macht, Privilegien und Herrschaft ziele, und «Wertkonservatismus», dem es um die Bewahrung des unaufhebbaren Wertes des einzelnen Menschen und der natürlichen Lebensgrundlagen gehe. Diesen Begriff des «Wertkonservativen» beanspruchte er für die ökologische Linke, ähnlich wie es Winfried Kretschmann mehr als vierzig Jahre später wieder für die Grünen tat.[22]

Auf der anderen Seite knüpften Denker einer neuen Rechten an antiliberale Traditionen des deutschen Konservatismus an. Ihre Schlüsselfigur war Gerd-Klaus Kaltenbrunner. In seinen Ideen von der Neuschöpfung des Konservatismus und der Schöpfung einer neuen Ordnung, die sich zu bewahren lohne, klang die Diktion der «konservativen Revolution» an. Das galt auch für seine Vorstellung von den militanten Zügen einer partisanenhaften Existenz von Minderheiten in Verbindung mit einer ökologisch inspirierten Fortschrittsskepsis, die wiederum Verbindungen zu den frühen Grünen herstellte. In diesen Gewässern fischte auch Armin Mohler, der sich explizit gegen die britische Tradition und konservative Konzepte von ‹Maß und Mitte› aussprach. Seine Art der Polarisierung nahm vielmehr auf Carl Schmitt und auf die konservative Revolution Bezug. Konsequenterweise lehnte er den Begriff «konservativ» schließlich als «quallig und verschwommen» ab und zog stattdessen die Selbstbezeichnung «rechts» vor.[23]

Es ist die doppelte Tradition von neuer Rechter, «konservativer Revolution» und illiberalem Konservatismus auf der einen Seite und parlamentarisch-reformerischem, liberalem

Konservatismus auf der anderen, die dem Konservatismus-Begriff ein Doppelgesicht verliehen und ihn zum Gegenstand politischer Diskreditierung gemacht hat. Daher ging er nicht in das unbestrittene Inventar der politischen Sprache in der Bundesrepublik ein. Auch die nach 1945 neu gegründeten Unionsparteien taten sich schwer mit der Frage, was konservativ ist und wie konservativ sie seien.[24]

Die Gründung der Unionsparteien hing damit zusammen, dass neben den drei Hauptströmungen des Liberalismus, des Sozialismus und des Konservatismus im konfessionell gespaltenen Deutschland des 19. Jahrhunderts auch der politische Katholizismus ein starkes parteipolitisches Gewicht gewonnen hatte, vor allem in Gestalt der Zentrumspartei. Er hatte sich insbesondere in der Abwehr des Kulturkampfs gegen Bismarck formiert und dadurch stark preußenkritische und antiprotestantische Züge angenommen. Nach 1945 bildete die Tradition des politischen Katholizismus, vor allem in der katholischen Arbeitnehmerbewegung, die stärkste Wurzel der CDU, auch wenn diese sich als überkonfessionelle Union begründete und neben dem Zentrum auch liberale und konservative Parteien in der Tradition der Weimarer Republik aufsog (analog gilt dies für die CSU in Bayern und ihr Verhältnis zur katholischen Bayerischen Volkspartei aus der Weimarer Republik). Vor diesem Hintergrund und angesichts der terminologischen Verwerfungen nach 1945 wurde «christlich» zum zentralen Begriff der Selbstbeschreibung der Union.[25] Insofern hat Armin Laschet historisch recht mit seiner Feststellung, das christliche Menschenbild sei der «Markenkern» der Union. Und aktuell erhielt Annegret Kamp-Karrenbauer in ihrer Bewerbungsrede um den Parteivorsitz auf dem Hamburger CDU-Parteitag am 8. Dezember 2018 besonders starken Applaus, als sie auf das «C» als Träger der Parteiidentität verwies.[26]

Das «C» erwies sich als integrativ und offen – und stellte

die Union zugleich vor Probleme. Denn die bundesdeutsche Gesellschaft erlebte grundlegende Prozesse der Säkularisierung, der Pluralisierung und der Individualisierung, mit denen liberale Werte und Vorstellungen vordrangen, denen sich der römisch-katholische Antimodernismus seit dem späteren 19. Jahrhundert vehement entgegengestellt hatte. Aus der Sicht des Arbeitnehmerflügels in der Tradition der katholischen Soziallehre galt der Liberalismus als Antipode, zumal er Bismarck im Kulturkampf unterstützt hatte. Diese historischen Frontstellungen des politischen Katholizismus erklären im Übrigen auch die Ressentiments der Sozialausschüsse der CDU gegen die Begriffe «liberal» und «konservativ» bis heute, wie sie sich zuletzt in den Attacken von Norbert Blüm gegen Friedrich Merz als Bewerber um den Parteivorsitz zeigten.[27] Die katholische Arbeitnehmerbewegung verstand die CDU als Gegenbewegung zu Sozialismus *und* Liberalismus.

So erklärt sich auch, dass Eugen Gerstenmaier 1958 auf harten Widerstand des Arbeitnehmerflügels stieß, als er das Liberale in einem Vortrag auf dem Bundesparteitag in Kiel für die CDU reklamierte.[28] In der Tat floss, insbesondere in der Person Ludwig Erhards, zudem von Wilhelm Röpke und Alfred Müller-Armack, der deutsche Ordoliberalismus in die Programmatik der Union ein: ein Gesellschaftsentwurf, der auf der Zusammengehörigkeit von Freiheit und Bindung, auf christlichen Werten und Normen sowie dem Gedanken der Selbstverantwortung des Individuums beruhte. In diesem Sinne übten die Ordoliberalen gegenüber der Arbeitnehmerbewegung Kritik am wachsenden «Versorgungsstaat», der die Freiheit des Individuums bedrohe.

Damit begann ein Aushandlungsprozess, der in die Grundsatzprogrammdiskussionen von CDU und CSU Ende der 60er und in den 70er Jahren einfloss und der durch die Auseinandersetzung mit den neuen Linken im Gefolge von 1968 und des Regierungswechsels von 1969 noch befeuert wurde.[29] In diesem Zusammenhang wurde einmal mehr das «C» betont – und seine Paradoxie in einer zunehmend säkularisierten Gesellschaft sichtbar. Denn da spezifisch christliche Begründungen für Liberale oder Humanisten, Juden oder Muslime nicht zustimmungsfähig waren und sind, wurde das christliche Vokabular enttheologisiert und liberalisiert. So ließ sich der «Markenkern» des «C» letztlich auch nicht-christlich begründen, um die Union auch für Nichtchristen zu öffnen. Damit war das «C» aber nicht mehr spezifisch christlich.

«Freiheit, Solidarität, Gerechtigkeit» lauteten schließlich die Leitbegriffe des Ludwigshafener Programms der CDU von 1978. In dieses Programm wurde auch die fortan wirkmächtige Erzählung der «drei Säulen» aufgenommen: «sozial, liberal, konservativ».[30] Dies wirkte einerseits integrativ. Zugleich aber führte es dazu, dass die drei Begriffe neben- bzw. sogar gegeneinander standen: Wer zum konservativen Parteiflügel zählte, war in der Konsequenz dieser Logik eigentlich nicht liberal oder gar sozial – im Unterschied zum Begriff der britischen Conservatives, der (wenn auch in unterschiedlichen Gewichtungen) alle drei Komponenten umfasste oder mindestens umfassen konnte.

Spätestens als sich die Regierung Kohl nach dem Regierungswechsel von 1982 gegen Anwürfe rechtfertigen musste, eine Zeit der ‹sozialen Kälte› und eine nationalistische Wende einzuleiten, setzte die CDU offensiv auf die Behauptung der ‹Mitte›.[31] In dieser Konstellation wurden ‹die Konservativen› zugleich an den Rand geschoben. Stärker noch galt dies in der Regierungszeit Angela Merkels. Indem sie die CDU nach links verschob bzw. einer rot-grünen Leitkultur anpasste, fühlten sich liberal-konservative Kräfte in der CDU zunehmend isoliert. In der Außenzuschreibung wurden ‹Konservative› weitgehend auf Nationalkonservative und auf Vertreter von *law and order* oder gesellschaftspolitische Traditionalisten reduziert. Als Begriff der Selbstzuschreibung hingegen diente er der innerparteilichen Gegenbewegung zu Merkels Politik, die sich zunächst als «Liberal-konservativer Aufbruch» bezeichnete, bevor sie sich in «Werteunion» umbenannte.

Die andere Gegenbewegung war die AfD, die zugleich den Januskopf des deutschen Konservatismus trägt. Gegründet im Jahr 2013 als liberal-konservative Abspaltung von der CDU und repräsentiert durch das langjährige Parteimitglied Bernd Lucke, nahm sie eine zunehmend nationalistische Wendung und verband sich mit einer neuen Rechten, die sich an Carl Schmitt orientiert und an die illiberalen, nationalistischen Traditionen des deutschen Konservatismus anknüpft. An der Nahtstelle zwischen beiden Gesichtern bewegt sich Alexander Gauland: Einerseits pflegt er den Stil und Habitus eines englischen Landadeligen und deutschen Tory-Konservativen, wie er ihn auch in früheren Schriften artikulierte. Andererseits radikalisierte er sich mit der AfD, wenn er immer wieder und mit Vorsatz die Grenze zur völkisch-nationalistischen Rechten überschreitet und zum Beispiel den Nationalsozialismus als «Vogelschiss in unserer über 1000-jährigen Geschichte» abtut.[32]

Alles in allem: Die Tradition des Konservatismus insbesondere in Deutschland ist durch eine Spaltung zwischen liberalem und illiberalem Konservatismus geprägt. In den Unionsparteien führt die Rede von den «drei Wurzeln» unterdessen dazu, das Konservative dem Liberalen und dem Sozialen gegenüberzustellen und es somit inhaltlich auf das zu reduzieren, was nicht liberal und nicht sozial ist. Dies wirkt um so stärker, als der Konservatismus-Begriff in der deutschen Öffentlichkeit weithin als ‹rechts› diskreditiert wird, mit fließenden Übergängen zu ‹rechtsextrem›. Darüber fehlt ein umfassender Begriff eines liberalen Konservatismus als einer der großen politischen Strömungen der europäischen Moderne. Darum soll es nun im Folgenden gehen.

Das konservative Paradox

Was aber, noch einmal, ist konservativ? Bestimmt es sich über *Inhalte*, oder ist es eine *Denkform*?[33]

Die Definition als reine *Denkform* geht auf Karl Mannheims klassische These zurück, der Traditionalismus sei sich im 19. Jahrhundert seiner selbst bewusst geworden.[34] Konservatismus ist demzufolge eine Denkweise in der Tradition des aristotelischen Realismus, die auf Tradition und Intuition statt Vernunft und Deduktion, auf qualifizierendes statt quantifizierendes Denken oder auf die Aufrechterhaltung der bestehenden Ordnung setzt, aber keine verbindlichen konkreten Inhalte kennt. Daran ist einiges richtig. Allerdings ist diese Definition zugleich arg unspezifisch, denn mit dem Argument der aufrechtzuerhaltenden Ordnung lässt sich auch die Figur des sowjetkommunistischen Konservativen begründen, die den Begriff auf einen reinen Traditionalismus reduzieren würde.

Demgegenüber wurden auch Versuche unternommen, Konservatismus über bestimmte *Inhalte* zu definieren: Privateigentum, Freiheit, Institutionen, Tradition, Religion, Patriotismus, Zivilgesellschaft oder ein bestimmtes Menschenbild.[35] Auch daran ist etwas Richtiges, soweit es das Menschenbild betrifft. Ansonsten fallen aber die inhaltlichen Definitionen so unterschiedlich aus, dass daraus kaum ein gemeinsamer Nenner zu ermitteln ist. Oder wie es John Pocock lakonisch formulierte: «Zu viele Geister haben aus zu vielen Gründen versucht, zu viele Dinge zu bewahren, als dass sich von einer kohärenten politischen Idee sprechen ließe.»[36]

Dem Konservatismus fehlt nicht nur eine explizite Programmschrift. Es gibt auch kein überzeitliches inhaltliches Programm. Edmund Burke wird zwar zu Recht als Gründervater des Konservativen angesehen, was bestimmte Formen des politischen Denkens betrifft. Mit seinen Vorstellungen einer hierarchischen Staats- und Gesellschaftsordnung oder mit den anti-individualistischen Vorstellungen von Autorität auf Seiten der Deutschkonservativen im späten 19. Jahrhundert lässt sich heute jedoch inhaltlich weniger anfangen als mit den Vorstellungen der großen Liberalen, dem Bildungsideal eines Wilhelm von Humboldt oder dem Genossenschaftsgedanken eines Friedrich-Wilhelm Raiffeisen. Überhaupt wurden viele Bezugsgrößen, die Konservativen später selbstverständlich wurden – Demokratie, Nation oder Marktwirtschaft –, von Konservativen über lange Zeit abgelehnt.

Aber gibt es nicht wenigstens überzeitliche Werte? Gern wird der Satz zitiert, das Konservative sei «nicht […] ein Hängen an dem, was gestern war, sondern […] ein Leben aus dem, was immer gilt».[37] Abgesehen davon, dass dieser später von Armin Mohler verbreitete Satz aus dem Umfeld der «konservativen Revolution» stammt und deren Versuchung des Absoluten in sich trägt: Was ist gemeint, das «immer gilt»? Wenn es die Religion ist, auf die sich viele Konservative berufen, so haben der Katholizismus bzw. die katholische Kirche im Verhältnis zu Liberalismus, Moderne oder Menschenrechten oder der Protestantismus im Verhältnis zu Staat und Nation so grundlegende Wandlungen durchgemacht, dass hier kaum ewige politische Werte auszumachen sind. Wenn es darüber hinaus Werte wie Menschenwürde, Nächstenliebe oder Verantwortung sind, die immer gelten, dann gilt dies ebenso für linksgrüne Vertreter einer radikalen Willkommenskultur, die Konservative scharf kritisieren. Ebenso steht es um grundlegende Werte wie die Kardinaltugenden (Klugheit, Gerechtigkeit,

Tapferkeit, Mäßigung), die christlichen Tugenden (Glaube, Liebe, Hoffnung), den kategorischen Imperativ oder die goldene Regel: Sie sind zwar überzeitlich, aber nicht spezifisch konservativ. Kurzum: Konservative kennen Werte. Sie stehen aber vor einem ähnlichen Dilemma wie die CDU mit dem C: Entweder sind sie spezifisch konservativ, aber dann sind sie nicht überzeitlich. Oder sie sind überzeitlich, aber dann sind sie nicht spezifisch konservativ.

Konservative müssen sich vielmehr immer wieder mit Entwicklungen arrangieren, die ihnen eigentlich nicht ins Konzept passen – sei es die Demokratie im 19. Jahrhundert, sei es für viele Konservative im frühen 21. Jahrhundert die Ehe für alle. Ja mehr noch, wie das Beispiel der Demokratie zeigt: Konservative verteidigen heute, was sie gestern bekämpft haben (und verteidigen morgen, was sie heute bekämpfen) – oder wie Quintin Hogg, einer der führenden Politiker und Denker der britischen Konservativen im 20. Jahrhundert, das für viele Konservative sehr unbequeme Paradox formulierte: Konservative kanonisieren die frühere Häresie im Namen der Tradition.[38]

Aber gibt das nicht der Kritik recht, die Konservatismus für vollkommen beliebig hält? Ist eine solche Haltung nicht Ausdruck eines opportunistischen Relativismus? Man kann das so sehen. Man kann das konservative Paradox aber auch anders auffassen: Es vermeidet Unbedingtheit und entgeht dem Gegenteil von Relativismus: dogmatischem Absolutismus und Rigorismus. Sieht man es auf diese Weise, dann eröffnet die Paradoxie des Konservativen eine gelassene Menschenfreundlichkeit, der es darum geht, den Wandel der Zeiten, dessen Teil der Konservative auch selbst ist, verträglich zu gestalten – so wie das Vereinigte Königreich im 19. Jahrhundert den gelungensten Übergang in das Zeitalter der Demokratie bewerkstelligte.

Und es bedeutet, dass Konservative ihre Positionen immer neu begründen müssen, statt sich blind auf etwas Vorgegebenes zu verlassen. Das verbindet einen liberalen Konservatismus mit dem humanistischen Selbstverständnis.[39] Und wenn er in diesem Sinne aufklärerisch und deliberativ ist, widerlegt er auch das alte Vorurteil, wie es John Stuart Mill 1867 formulierte: Die Konservativen seien die «stupidest party».[40]

In diesem Sinne soll es nun um die Begründung eines liberalen Konservatismus für das 21. Jahrhundert gehen – in der Tradition Edmund Burkes, des britischen Konservatismus und der liberalen deutschen Konservativen wie Hermann Lübbe und unter Rückgriff auf die verschiedenen Konservatismustheorien. Daraus folgt kein fixes Set von spezifischen Werten oder Inhalten und erst recht keine geschlossene politische Theorie. Was daraus folgt, ist vielmehr eine Form des politischen Denkens mit bestimmten methodischen und inhaltlichen Grundlagen.

Konservativ 1: Der lange Atem der Zeit

Ob Edmund Burke und seine Verbindung «zwischen den Lebenden, den Toten und denen, die noch geboren werden», oder ob der 14. Earl of Derby und das Landhaus, das renoviert, umgebaut oder erweitert wird, statt es abzureißen, um etwas völlig Neues zu bauen – immer spielt für Konservative der lange Atem der Zeit eine besondere Rolle. Daraus resultiert ein besonderer Respekt, eine positive Vorannahme gegenüber dem, was geworden ist. Hermann Lübbe hat diese Haltung als widerlegbare Vermutung zugunsten der Vernünftigkeit des Bestehenden bezeichnet. Eine Konsequenz daraus liegt darin, dass die Beweislast nicht auf Seiten des Geltenden liegt, sondern auf Seiten des Neuen, das erklären muss, inwiefern es tatsächlich eine Verbesserung erbringt.[41] Denn die Geschichte der Moderne, insbesondere des 20. Jahrhunderts, zeigt, dass gerade die Utopien einer neuen Welt die größten Katastrophen hervorgebracht haben.

Gegen eine solche Denkhaltung lassen sich zwei Einwände vorbringen. Erstens überschreiten immer neue Technologien bisher vorhandene Begrenzungen menschlicher Verfügungsmacht. Das gilt für die Fortpflanzungsmedizin ebenso wie für Digitalisierung und Medien, für Kapitalströme oder auch für Migrationsströme. Die beschleunigte Form ihres Aufkommens lässt gar keine bewussten Entscheidungsvorgänge mehr zu, sondern erzeugt perpetuierte Innovationsprozesse und erzwingt konstante Anpassungen. Dies entziehe konservativem Denken die Basis, auf der Grundlage des Bestehenden das Bewährte gegen das zu Verbessernde, das reale Gute gegen das potentiell Bessere abzuwägen.[42]

Dieser Einwand ist richtig, aber er ist nicht neu. Er gilt ebenso für die Erfahrungen des späten 19. und des frühen 20. Jahrhunderts. Das Aufkommen der Elektrizität und die Beschleunigung der Lebensverhältnisse durch Stahl und Chemie, Eisenbahn, Automobil und Flugzeug waren Disruption 1.0. Industrialisierung und Kapitalismus wurden als ebenso übermächtig erfahren wie heute Digitalisierung und Globalisierung. Die Zeitgenossen der Jahrhundertwende standen vor der Möglichkeit, in einfache Lösungen vermeintlicher Eindeutigkeit zu fliehen – in diesem Falle die totalitären Utopien, die Europa verwüsteten – oder fatalistisch zu resignieren und den Anspruch aufzugeben, die Verhältnisse zu gestalten. Oder sie konnten die entfesselten Kräfte der Industrialisierung und des Kapitalismus durch Sozialstaat und soziale Marktwirtschaft einhegen, was sich im Rückblick als eine der großen historischen Errungenschaften herausstellt. Gerade der beschleunigte Fortschritt erfordert das konservative Gegengewicht: Je schneller ein Auto fahren kann, desto stärkere Bremsen braucht es.

Ein zweiter Einwand besagt, dass ein evolutionäres Denken für das 19. Jahrhundert gelten mochte, für das 20. Jahrhundert mit seinen Brüchen aber nicht mehr passt. Exzessive Gewalterfahrungen, Nationalsozialismus und Holocaust haben das Kontinuum der Tradition zerrissen, und daher setzt gerade die deutsche Geschichtskultur auf eine «befreiende Abkehr»[43] von der Vergangenheit statt auf sinnstiftende Kontinuität. Auch das ist, im Sinne der Annahme einer ungebrochenen und fortzuführenden Tradition, richtig. Gerade der Nationalsozialismus belegt freilich, wie totalitär und wie zerstörerisch Vorstellungen einer neuen Welt und eines neuen Menschen sind. Daher waren der Nationalsozialismus und ein liberaler Konservatismus, der das Eigene und die eigene Gegenwart gerade nicht verabsolutiert, substantiell unvereinbar – und daher war die Unterstützung für den Nationalsozialismus der Sündenfall eines illiberal verirrten deutschen Konservatismus.

Liberale Konservative leben demgegenüber in dem Bewusstsein, dass das, was heute für unverrückbar richtig gehalten wird, morgen als völlig falsch erscheinen kann – so wie uns das, was gestern als richtig galt, heute oft merkwürdig und falsch vorkommt. Das gilt für die konservative Ablehnung der Demokratie genauso wie für vermeintlich moderne Ideen. Anfang des 20. Jahrhunderts galten Zwangssterilisierungen als zeitgemäße Form der Gestaltung von Gesellschaft, die auch die schwedischen Sozialreformer und Nobelpreisträger Gunnar und Alvar Myrdal befürworteten. In den sechziger Jahren fielen Altstädte dem Flächenabriss zum Opfer, um für die Idee der autogerechten Innenstadt Durchbrüche für einen ungehinderten Verkehr zu schaffen, die wenige Jahre später in Tempo-30-Zonen rückgebaut wurden, während die Städte unter den zurückbleibenden Betonwüstungen litten.

Das konservative Paradox gilt mithin auch für andere – nur haben Konservative es in ihr Denken eingepreist. Es gehört zum konservativen Menschenbild, das von einer gelassenen Skepsis getragen ist.

Konservativ 2: Fröhliche Skepsis

Vom «Menschenbild» ist gern und oft die Rede. Das gilt besonders für die CDU und das «christliche Menschenbild». Wie gesehen, wurde es im Laufe der Zeit enttheologisiert und säkularisiert, um auch Nichtchristen zu integrieren. Dadurch verlor es zugleich seine spezifisch christliche Gestalt. Denn wenn es spezifisch christlich verstanden wird, dann gebietet die Vorstellung der «Gottesebenbildlichkeit» des Menschen zumindest aus katholischer Warte bestimmte Schlussfolgerungen, etwa in der Frage des Schwangerschaftsabbruchs, die zum Beispiel für Juden nicht zustimmungsfähig und selbst zwischen den christlichen Konfessionen umstritten ist. Andererseits lässt sich mit dem christlichen Menschenbild der Gottesebenbildlichkeit auch in der Flüchtlingspolitik eine gesinnungsethische Maximalposition der Willkommenskultur, der offenen Grenzen und des Kirchenasyls formulieren, die wiederum viele Christen ablehnen.

Metaphysische oder naturrechtliche Letztbegründungen sind in der Politik einer säkularisierten und pluralistischen Welt allgemein schwierig. Die christliche Religion dient konservativer Politik daher nicht als Letztbegründung, sondern als nicht-säkularer Bezugspunkt: Der Mensch setzt sich und seine

Gegenwart nicht absolut, sondern sieht sich in einem größeren Zusammenhang. Eine zwingende Voraussetzung konservativer Politik ist die Nähe zur christlichen Religion dafür aber nicht.[44]

Und was bedeutet dies für das konservative Menschenbild? Konservative und christliche Vorstellungen überschneiden sich in der Vorstellung von der Würde des Einzelnen und der Empathie für die Schwäche des Menschen, die einen sozialen Konservatismus von der schneidenden Schärfe und der Kälte eines Denkens in der Tradition von Carl Schmitt unterscheidet. Aus konservativer und christlicher Perspektive sind alle Menschen gleichwertig, allerdings ebenso verschiedenartig. Im Sinne der Lehre von den unterschiedlichen Talenten sind Konservative daher überzeugt, dass gesellschaftliche Ungleichheit grundsätzlich richtig und wünschenswert ist (wir kommen im Zusammenhang der Gesellschaft darauf zurück), und daher ist «Gleichmacherei» eines der schärfsten politischen Schimpfwörter.

Die Menschen sind, auch da berühren sich christliches und konservatives Denken, weder nur gut noch nur böse, sondern gemischter Natur, zum Guten ebenso fähig wie zum Schlechten: «Die Gewohnheiten der Zivilisation [...] ziehen nur eine dünne Kruste über die kochende Lava menschlicher Leidenschaften.»[45] Die Menschen sind unvollkommen und nicht perfektionierbar, und daher sind sie auch in ihrer Wissens- und Einsichtsfähigkeit begrenzt.

Dieses Menschenbild trifft sich mit der humanistischen Vorstellung des Fallibilismus: dass es keine unfehlbare Erkenntnisinstanz gibt und der Mensch dem Irrtum unterworfen ist. Daraus resultiert das bereits angesprochene Bewusstsein für die Wandelbarkeit der Dinge. Und schon Edmund Burke wusste um die Unabsehbarkeit der möglichen Folgen menschlichen Handelns. Was der Mensch auch tut, es schafft unvorhergesehene Folgen. Marktliberalisierungen führen zu Staatshaftung, Gleichstellung erzeugt neue Ungleichheit, und dem postmodernen ‹Ende der großen Erzählung› folgt eine neue große Erzählung der Kultur des Regenbogens.

Für Konservative erwächst aus dieser Einsicht eine Haltung der Bescheidenheit sowie der gesunden Skepsis und des produktiven Zweifels gegenüber Moden und vermeintlichen Gewissheiten und Eindeutigkeiten. Konservative kultivieren demgegenüber einen – der Moderne grundsätzlich besonders angemessenen – Sinn für Widersprüchlichkeit und Komplexität, ja für die Paradoxien und Aporien der Dinge. Dass Konservative aus Erfahrung zu Pragmatismus und gangbaren Lösungen neigen statt zu rationaler Konsequenz um jeden Preis, führt uns zum dritten zentralen Element konservativen Denkens.

Konservativ 3: Erfahrung und Alltagsvernunft, Maß und Mitte

In seiner Nikomachischen Ethik schrieb Aristoteles, die Tugend sei eine Mitte *(mesotes)* zwischen zwei Extremen. Wo diese Mitte liegt, lässt sich nicht durch abstrakte Theorie und Modelle, sondern durch Erfahrung und Alltagsvernunft bestimmen. Damit ist ein fundamentaler Unterschied in der Tradition des abendländischen Denkens angesprochen, der von Platon und Aristoteles ausging, den Universalienstreit des Mittelalters prägte und der bis heute relevant ist, auch für das konservative Denken.

Denn in platonischer Vorstellung existiert die Idee vor der Realität, so wie die Bewohner der Höhle in Platons Gleichnis zunächst nur die Schatten der Gegenstände kennen, nicht aber diese selbst. Gegenüber einem solchen Denken von der Theorie und vom Modell her steht Aristoteles für die Position, dass die Idee nur *in* der Realität, das Allgemeine nur *im* Besonderen existiert. Daher hat ein aristotelisch geprägtes Denken immer die konkrete Praxis im Blick und lässt Fünfe im Zweifelsfall auch einmal gerade sein. Oder wie es Austen Chamberlain 1924 vor dem britischen Unterhaus formulierte:

> «Instinkt und Erfahrung lehren uns, dass die menschliche Natur nicht logisch ist [...] und dass durch den weisen Verzicht darauf, Folgerungen bis zu ihrem logischen Ende zu zwingen, der Weg der friedlichen Entwicklung wirklich gefunden werden kann.»[46]

Ein Beispiel für einen solchen Pragmatismus aus Alltagsvernunft jenseits von Verabsolutierung oder Relativismus ist der Umgang mit christlichen Traditionen und Bräuchen. Einerseits sind westliche Gesellschaften in hohem Maße säkularisiert und pluralisiert, und für einen großen Teil der Menschen besitzen christliche Feiertage keine religiöse Bedeutung. Andererseits ist die Volkskultur des Landes durch die christlichen Traditionen tief geprägt. Vor diesem Hintergrund ist es für Konservative kein Problem, auch Juden, Muslimen oder Atheisten «frohe Weihnachten» oder gar «ein gesegnetes neues Jahr» statt «eine gute Zeit» zu wünschen, ohne ihnen dadurch christliche Bräuche und Begriffe aufzuzwingen oder einen christlichen Gottesstaat zu errichten.[47]

Dass Maß und Mitte[48] einem strengen Rationalismus vorzuziehen sind, schlägt sich auch in der Skepsis gegenüber quantifizierendem Denken und der Herrschaft von Zahlen und Statistiken, Ratings und Rankings nieder. Demgegenüber besagt die Regel des britischen Ökonomen Charles

Goodhart, dass ein statistisches Hilfsmittel seinen Wert verliert, wenn es zum Ziel gemacht wird. Auch insofern gilt, wie Ralf Dahrendorf formulierte, «dass ein richtiger Gedanke, bis zum Extremen getrieben, gerade diejenigen Möglichkeiten zerstört, die er eigentlich eröffnen sollte».[49]

Konservativen ist bewusst, dass gute Dinge leicht zu zerstören, aber nicht leicht zu erschaffen sind. Daher ist ihnen pragmatische Besonnenheit ein hoher Wert. Und daher setzen sie statt auf die Erschaffung einer neuen Welt auf behutsame Verbesserungen, die sich immer auch wieder rückgängig machen lassen, wenn uns wieder einmal als völlig falsch erscheint, was wir gestern noch unbestreitbar richtig fanden.

Konservativ 4: Gesellschaft vor Staat, Freiheit und Subsidiarität

Der griechische Philosoph Panajotis Kondylis hat 1986 ein gleichermaßen einzigartiges wie eigenartiges Buch über Konservatismus veröffentlicht. Er versteht den europäischen Konservatismus als frühneuzeitliche Widerstandsbewegung des ländlich-agrarischen Adels mit seinen antik-mittelalterlichen Vorstellungen der *societas civilis* gegen den modernen bürokratischen Anstaltsstaat.[50] Historisch ist das durchaus zweifelhaft, und zudem wären die Konservativen im Gefolge von Edmund Burke demzufolge gar keine Konservativen mehr; vielmehr sei der britische Konservatismus, so Kondylis, im Altliberalismus aufgegangen. Dennoch lenkt sein hochgelehrtes Werk die Aufmerksamkeit auf die Nähe von Konservatismus und Liberalismus sowie auf die Bedeutung der Zivilgesellschaft im Verhältnis zum Staat, zumal Konservative oft als Vertreter eines ‹starken Staates›, von *law and order* gelten. Aber was bedeutet das?

Der Staat dient nach konservativer (und ordoliberaler) Auffassung dem Schutz der Gesellschaft, er garantiert den Entfaltungsraum für die Einzelnen und den Ordnungsrahmen für die Marktwirtschaft. Als Regeln setzender Rechtsstaat ist er ein starker Staat. Daher fiel auch die Kritik von Konservativen an der Politik der Bundesregierung in der Flüchtlingskrise 2015 besonders scharf aus. Wenn Angela Merkel (zumindest sinngemäß) sagte, der Staat könne seine Grenzen nicht schützen[51], dann riskierte sie damit in den Augen der Konservativen seine Daseinsberechtigung.

Nach innen, auch darin trifft sich das konservative mit einem liberalen Verständnis, ist dieser Staat allerdings kein alles regelnder und regulierender Staat und erst recht keine Umerziehungsagentur und kein Schöpfer einer neuen Welt. Vielmehr schätzen Konservative insbesondere die intermediären Welten jenseits von Markt, Staat und Individuum: Familie, Religion, Vereine und bürgergesellschaftliches Engagement.[52] Das konservative Gesellschaftsverständnis ist nicht individualistisch, vielmehr sieht der Konservative den Menschen immer auf ein Gegenüber bezogen; darin berühren sich konservatives und christliches Gesellschaftsverständnis.

Jedenfalls besitzt diese Gesellschaft den Vorrang vor dem Staat – hier unterscheidet sich konservatives von sozialistischem oder sozialdemokratischem, jedenfalls etatistischem Denken. Darin unterscheidet sich auch die britische Tradition der Konservativen von der preußisch-deutschen, die viel stärker auf den Staat fixiert war. Dies änderte sich erst, nachdem der borussische Macht- und Obrigkeitsstaat als Orientierung abgedankt hatte, mit der Reformulierung eines liberalen Konservatismus in der Bundesrepublik der siebziger Jahre. Nun verteidigten Konservative die Autonomie der Familien, der

Hochschulen oder des Marktes gegen den regulierenden Anspruch linker Sozialreformer, die Gesellschaft mit Hilfe des Staates umzugestalten.

Hier lag ein zentraler Unterschied zu den «Achtundsechzigern», den Neuen Sozialen Bewegungen der siebziger Jahre und den Grünen, auch wenn sich im Vorrang der Zivilgesellschaft vor dem Staat zugleich eine grundsätzliche Gemeinsamkeit eröffnete, so wie die englischen Konservativen im 19. Jahrhundert auf dieser Ebene Überschneidungen mit den Radikalen gefunden hatten. Ein weiterer Unterschied zu grünen Gesellschaftsvorstellungen liegt in der Akzeptanz der Ungleichheit der Menschen. Die Bedingungen sozialer Ungleichheit gegenüber Burke und dem frühen 19. Jahrhundert haben sich verändert. Konservative des 21. Jahrhunderts akzeptieren keine ständisch gegliederte Gesellschaft mehr, die sozialen Rang durch Geburt zuweist. Stattdessen folgen Konservative dem Ideal möglichst gleicher Voraussetzungen, deren freie Nutzung aber unterschiedliche Ergebnisse hervorbringt. Eine egalitäre Gestaltung der Gesellschaft nach einem vorgegebenen Modell ist Konservativen fremd.

Das hängt mit dem konservativen Freiheitsbegriff zusammen, der sich sowohl mit einem humanistischen und liberalen als auch mit einem christlichen Verständnis trifft. Sie ist an Verantwortung gebunden und mithin eine konditionierte und kontextualisierte, aber keine autonome und verabsolutierte Freiheit. Die negative Freiheit von äußeren Zwängen verbindet sich mit der positiven Freiheit zu aktiver Gestaltung. Daraus resultiert das Prinzip der Subsidiarität: Der Einzelne ist grundsätzlich zur Selbstverantwortung verpflichtet; wenn er diese nicht leisten kann, dann (aber erst dann) hat er das Recht auf die Solidarität der Gemeinschaft. Dieses Prinzip ist der Grundgedanke christdemokratischer Gesellschaftslehre, und es bleibt ein immer wieder neu zu justierendes politisches Balanceproblem zwischen Eigeninitiative und Sozialstaat.

Alles zusammen berühren sich Grundlagen konservativen Denkens mit denen anderer Richtungen und unterscheiden sich: von Sozialisten bzw. Sozialdemokraten im Verhältnis zum Staat, von Liberalen im Verhältnis zum Fortschritt, von Grünen in der Ablehnung, die Menschen umzuerziehen, und von der AfD in der Akzeptanz des Wandels und der modernen Welt statt der Moralisierung des Eigenen.

Ein solcher liberaler Konservatismus ist nicht traditionalistisch und vor allem nicht reaktionär. Er will nicht, dass alles bleibt, wie es ist. Er will das Rad nicht zurückdrehen. Ebenso wenig will er eine neue Welt erschaffen. Er will vielmehr den Wandel so gestalten, dass er für die Menschen verträglich ist. Dies ist sein Bezugspunkt, keine Utopie einer neuen Ordnung noch eine bloße Anpassung an äußere Notwendigkeiten. Daher beharrt ein solcher Konservatismus auch auf der Gestaltungskraft der Politik, statt sich gegenüber vermeintlich übermächtigen externen Entwicklungen selbst zu entmächtigen.

Ob eine solche konservative Politik den Weg der Verzögerung sucht, bis der Wandel harmlos geworden ist, wie Lord Salisbury es formulierte, oder ob sie unerwartete, unkonventionelle Wege wählt wie Benjamin Disraeli mit der Wahlrechtsreform von 1867, das hängt von der Situation und ihren Erfordernissen ab. Jedenfalls ist ein liberaler Konservatismus immer für Überraschungen gut. Denn Konservative kennen die Erfahrung, dass es gerade Bindung ist, die frei macht.

Was aber bedeutet dies für die großen Herausforderungen des frühen 21. Jahrhunderts, über die viele Zeitgenossen Sorge haben, die Kontrolle zu verlieren: die Renationalisierung und die zunehmende Instabilität der internationalen Politik, die Krise des Westens und einer überspannten Europäischen

Union, die unabsehbaren Auswirkungen Künstlicher Intelligenz und eine zeitgemäße Bildungspolitik im digitalen Zeitalter, die Probleme des Klimawandels und globaler Migrationsströme nach Europa, die Gefahren einer nachlassenden Innovationsdynamik und einer Verödung der ländlichen Räume, der Polarisierung der politischen Öffentlichkeit und des gesellschaftlichen Zusammenhalts in Deutschland? Auf den kommenden Seiten wird in zehn Thesen skizziert, wie eine moderne liberal-konservative Politik dazu beitragen kann, den Wandel so zu gestalten, dass die Menschen in Deutschland ihn mitvollziehen können: von der Außen- und Europapolitik über Bildung und Digitalisierung, Klimawandel und Migration, Infrastruktur und ländliche Räume, Marktwirtschaft und Sozialstaat, Männer und Frauen, Familie und Alter bis zur Frage der ‹Leitkultur›.

Die zehn Thesen streben weder programmatisch-enzyklopädische Vollständigkeit noch gesetzesreife Konkretisierung an. Sie verstehen sich vielmehr als allgemeine Richtlinien der politischen Orientierung, die konkreten politischen Schritten vorausgeht. Diese Orientierung aber ist die Grundlage des Vertrauens in die politischen Parteien, zumal in zunehmend unübersichtlichen Zeiten. Und sie ist die Voraussetzung für echten demokratischen Wettbewerb um die besseren politischen Lösungen in der öffentlichen Debatte, der sich nicht im tagespolitischen Klein-Klein erschöpft. Wenn sie in diesem Sinne zur kontroversen Auseinandersetzung einladen, dann haben sie ihr Ziel schon fast erreicht.

III
Eine Agenda für Deutschland

1. Internationale Politik: Mehr Realismus und mehr Engagement

«Heute wird eine neue Welt geboren, eine ganz andere Welt als die, die wir kannten: eine Welt, in der die Herrschaft des Rechts das Recht des Stärkeren ersetzt, eine Welt, in der die Nationen die Verantwortung für Frieden und Gerechtigkeit teilen. Eine Welt, in der die Starken das Recht der Schwachen respektieren.» Diese Worte stammen nicht aus einer Weihnachtspredigt von Margot Käßmann, sondern aus einer Rede des US-amerikanischen Präsidenten George Bush vom 11. September 1990.[1]

Eine ähnlich euphorische Erwartungshaltung prägte auch das wiedervereinigte Deutschland. Mit den Worten von Außenminister Genscher: «Unsere Vereinigung ist Teil der europäischen Vereinigung. Wir verbinden mit unserer Vereinigung nicht den Anspruch auf mehr Macht.» Deutschland wolle seine wiedergewonnene Souveränität vielmehr «für eine neue Ordnung des Friedens in Europa und für eine neue Weltordnung» nutzen.[2] Die Bundesrepublik verstand und versteht sich als «Zivilmacht»,[3] die auf Kooperation und den Transfer von Wohlstandsgewinnen setzt, weit über das Maß fast aller anderen europäischen Partner hinaus zur Einbindung in supranationale Institutionen bereit ist und sich auf gemeinsame multinationale Normen verpflichtet. Kurzum: Deutschland konzentriert sich auf ökonomische Macht und *soft power* und hält möglichst Abstand von *hard power* und militärischer Gewalt.

Die großen Hoffnungen von 1990 wurden enttäuscht. Demokratisierung, Verrechtlichung und multilaterale Institutionalisierung haben sich als «Illusionen des Westens»[4] erwiesen, die gerade auf deutscher Seite mit einem Mangel an Realismus einhergehen. So kollidiert der realpolitisch eindeutige Befund, dass die Vereinten Nationen von den großen Nationalstaaten und ihren Machtinteressen abhängig geblieben sind, mit einer idealistischen Moral in Deutschland, die in den Vereinten Nationen den Inbegriff des multilateralen Guten sieht. Daher gilt ein Mandat des UN-Sicherheitsrats als unabdingbare Legitimation für militärische Auslandseinsätze. Im Falle des Militäreinsatzes gegen die serbische Offensive im Kosovo und die drohende Vertreibung der Kosovo-Albaner 1999 wurde ebendieses Mandat durch ein Veto Russlands verhindert. Die wütenden Proteste gegen diesen ‹völkerrechtswidrigen› Einsatz in Deutschland wollten nicht wahrhaben, dass dieses Völkerrecht nichts anderes als das Gesetz des Dschungels war. Die Fixierung auf ein UN-Mandat machte einen Völkermord somit zur Verhandlungssache internationaler Machtpolitik.

Die eigentliche Zäsur der internationalen Politik nach 1990 lag unterdessen im Jahr 2008. Auf der einen Seite erschütterte die Weltfinanzkrise die globale Leitkultur einer finanzkapitalistischen Marktgläubigkeit, wie sie die Jahrtausendwende geprägt hatte. Auf der anderen Seite markierte das militärische Vorgehen Russlands gegen Georgien in der Frage der Autonomieregionen Abchasien und Südossetien, wie es Robert Kagan formulierte, die «offizielle Rückkehr der Geschichte im Stile der Großmächterivalität des 19. Jahrhunderts, angereichert mit bösartigen Nationalismen, Ressourcenkämpfen, Auseinandersetzungen über Einflusssphären und Territorien und – auch wenn es unsere Sensibilität im 21. Jahrhundert schockiert – sogar mit dem Gebrauch militärischer Macht, um geopolitische Ziele durchzusetzen».[5]

Russland war als Nachfolgestaat der Sowjetunion in der internationalen Ordnung von 1990 auf den Rang eines Juniorpartners zurückgestuft worden. Dies funktionierte so lange, wie sich die russische Führung mit dieser Rollenverteilung grundsätzlich abfand. Unter Wladimir Putin jedoch änderten sich die Vorzeichen. Er beklagte den Untergang des sowjetischen Imperiums als «eine der großen geopolitischen Katastrophen des 20. Jahrhunderts»[6] und suchte nach Wiedergutmachung für diese Demütigung, nach neuer russischer Größe und einer Weltordnung ohne Dominanz der USA. 2014 zeigte sich, dass der Einsatz von Gewalt keine Ausnahme blieb, als Russland die Krim von der Ukraine annektierte und damit erstmals seit 1945 in Europa gewaltsam Grenzen verschob, den Bürgerkrieg im Osten der Ukraine unterstützte und das Land energiepolitisch erpresste.

Dies stellte den Westen vor ein Dilemma: Eine scharfe Reaktion drohte einen verschärften militärischen Konflikt heraufzubeschwören. Appeasementpolitik hingegen hatte expansionsbereite Autokraten schon in den 1930er Jahren eher beflügelt. Daher bemüht sich die Kombination von *deterrence* und *dialogue*, den Kontakt nicht abreißen zu lassen, aber auf grundlegenden Normen der internationalen Politik zu bestehen und dies auch durch Sanktionen deutlich zu machen. Wie so oft ist auch diese Politik ein Balanceproblem; jedenfalls verlangt sie die Bereitschaft, die Komfortzone der multilateralen *soft power*-Idylle zu verlassen.

Instabilität und Gewalt wurden auch im Nahen Osten zur zentralen Erfahrung – und führten die reichlich naiven westlichen Hoffnungen auf die «Arabellion» von 2011 ad absurdum, eine fröhliche Twitter-Revolution werde die Demokratie jetzt auch in dieser Weltregion einführen.[7] Die Realität war, dass die Militärs in Ägypten wieder das Kommando übernahmen, Libyen zu einem *failed state* wurde und Syrien in einer Gewaltorgie versank. Sowohl in Libyen als auch in Syrien markierten die erfolglosen westlichen Interventionen unterdessen das Ende der Hoffnungen auf einen ‹globalen Westen›.

Auch China glaubt nicht an das Völkerrecht, zwar weniger aggressiv als Moskau, aber ebenso zielstrebig in der Umgestaltung der Weltpolitik. Zugleich stellt das historisch einzigartige Projekt eines kommunistisch geführten Kapitalismus, der das Land innerhalb von 30 Jahren in eine ökonomische Supermacht verwandelt hat, das westliche Modell in Frage, das an die gleichsam natürliche Verbindung von Marktwirtschaft und Freiheit glaubt. Stattdessen sprechen asiatische Akteure von eigenen Formen der Moderne, in denen sich freie Marktwirtschaft, technologische Offenheit, eine Kultur der Leistungsorientierung und eigene Formen der Sozialbeziehungen verbinden. Hinzu kommt ein Pragmatismus, den Deng Xiaoping so formulierte: «Es spielt keine Rolle, ob eine Katze schwarz oder weiß ist; wenn sie Mäuse fängt, ist sie eine gute Katze.» Möglicherweise ist es gerade die Mischung von westlichen Institutionen mit asiatischen Traditionen und Werten, die den ökonomischen Erfolg vieler asiatischer Länder begründet. Jedenfalls gehört es zu den historischen Ironien, dass ein marktwirtschaftliches China für den Westen zu einem größeren Problem werden könnte als das kommunistische.[8]

Ob China freilich zur dominierenden Wirtschafts- und Weltmacht des 21. Jahrhunderts werden wird, wie immer wieder prognostiziert wird, ist keineswegs ausgemacht. Beispielsweise droht dem Land die *middle income country trap*, die Falle für Länder mittlerer Einkommen, in denen das Wachstum ab einem bestimmten mittleren Niveau deutlich nachlässt; die jüngeren Wirtschaftsdaten könnten darauf hindeuten.

Jedenfalls unterliegen selbstgewisse Voraussagen immer wieder demselben Denkfehler, nämlich Erfahrungen der jüngsten Vergangenheit in die Zukunft zu projizieren. Stattdessen wusste schon Aristoteles: Es ist wahrscheinlich, dass das Unwahrscheinliche geschieht. Wer hätte 1990 erwartet, 30 Jahre später auf eine Weltfinanzkrise und eine Existenzkrise der Europäischen Währungsunion, die gewaltsame Annexion eines europäischen Territoriums oder die Implosion des Nahen Ostens und temporär unkontrollierte Massenmigration nach Europa zurückzuschauen? Politisch klug ist es daher, für verschiedene Szenarien offen zu sein. Gerade die internationale Politik erfordert flexible Reaktionen.

Das gilt auch für die USA und ihren Unilateralismus. Er ist kein neues Phänomen der Ära Trump, sondern war nach 1990 schon in der Präsidentschaft Bill Clintons zu beobachten. Seine Politik einer «Supermacht ohne Mission»[9] fand ihre Bestimmung unter George W. Bush im «war on terror». Mit dem Krieg gegen den Irak 2003 verloren die USA allerdings ihre Glaubwürdigkeit als globale Ordnungsmacht, wie auch Barack Obama erfahren musste, wenn er die russische Annexion der Krim 2014 mit der Begründung verurteilte, «man marschiert nicht einfach in ein fremdes Land ein»[10]. Zugleich verschob Obama die US-amerikanische Aufmerksamkeit nach Asien, bevor Donald Trump mit der Devise «America first» eine neue Form der Bereitschaft entwickelte, alles in Frage zu stellen, sobald er den Eindruck hatte, die USA würden übervorteilt. Und den hat er oft.

Im Handelskonflikt verhängte er Strafzölle, in der NATO befeuerte er den Streit um die Finanzierung und drohte das

Ende der amerikanischen Sicherheitsgarantie an. Der erratische Habitus des «Dealmakers» macht ihn in Deutschland zum Gegenstand politisch-moralischer Verachtung schlechthin. Dabei wird kaum berücksichtigt, dass die USA zum Beispiel im Durchschnitt so niedrige Zölle haben, dass sie in klassischen Handelsvertragsverhandlungen tatsächlich unter einer asymmetrischen Verhandlungsposition leiden.[11] Und was den NATO-Finanzierungsstreit betrifft, so gesteht auch Wolfgang Ischinger, der Leiter der Münchener Sicherheitskonferenz: «Wir haben uns in der Sicherheitspolitik zu lange mit Trittbrettfahren begnügt.»[12]

Was besagt nun diese zeithistorische *tour d'horizon* der Weltpolitik für die deutsche Außenpolitik aus liberal-konservativer Warte?

- Zunächst beschreibt sie ein Dilemma: Die klassischen Sicherungsmechanismen funktionieren nicht mehr verlässlich, und doch bleibt Deutschland von ihnen abhängig. Erforderlich ist daher ein pragmatischer Umgang mit der US-Regierung: selbstbewusst, aber nicht herablassend, ansonsten entstehen Peinlichkeiten wie die Kombination aus politischer Überheblichkeit und dem Andienen von Wirtschaftsbossen am Tisch des amerikanischen Präsidenten.
- Deutschland muss mehr Realismus wagen. Die deutsche Erwartung einer globalen Konvergenz hin zu liberalen Demokratien und friedlichem Multilateralismus, die dem Modell der deutschen «Zivilmacht» und der europäischen Integration folge, hat sich als Illusion erwiesen. Machtpolitische Interessen und militärische Bedrohungen sind und bleiben Teil der internationalen Realität.[13]

  Die Verabschiedung militärischer *hard power* zugunsten von *soft power*, ökonomischer oder digitaler Macht, wie oft prognostiziert,[14] hat nicht stattgefunden. Nicht eine Form der Macht hat die andere abgelöst. Vielmehr überlagern sich unterschiedliche Ressourcen von Macht: Technologie und Information, Ökonomie und Handel, Kultur und Ideen, politische Herrschaft und militärische Kapazitäten. Das heißt: Klassische Militärmacht bleibt wichtig.

– Daher muss Deutschland seinen Beitrag zur militärischen Sicherheitspolitik leisten. Das Zwei-Prozent-Ziel der NATO mag zweifelhaft sein, weil es Verteidigungsausgaben an die Konjunkturentwicklung koppelt und auch nicht klar ist, was in diesen Anteil eingerechnet wird.[15] Es lässt sich über einen sinnvolleren, beispielsweise nach Forschung und Entwicklung, Infrastruktur oder Ausbildung spezifizierten Verteilungsmechanismus der Beiträge diskutieren. Grundsätzlich aber muss Deutschland mehr für die Sicherheit und für die internationale Politik tun, finanziell und auch militärisch. Dazu zählt die Bereitschaft, Sicherheitsgarantien wie etwa im Baltikum glaubwürdig zu vermitteln, und dazu zählt auch eine solide Finanzierung der Bundeswehr.

Mehr als zuvor ist Europa auf sich allein gestellt. Im Fall der Ukraine-Krise und der Minsker Abkommen hat sich dabei gezeigt, dass die größte Handlungsfähigkeit von den großen Nationalstaaten ausgeht, in diesem Falle von Deutschland und Frankreich. Wenn Europa global handlungsfähig auftreten will, dann muss es diese Kraftquellen ausschöpfen.

– Daher liegt eine strategische Perspektive für Europa in einer verstärkten Koordination und Kooperation zwischen den drei europäischen Großen: Deutschland, Frankreich und – gerade nach dem Brexit – dem Vereinigten Königreich. Sie kann von sicherheitspolitischen *Ad hoc*-Kooperationen über technologische Projekte nach dem Vorbild von Airbus bis zu einer konstruktiven Reaktion auf die chinesische Initiative einer neuen Seidenstraße reichen. Dies muss sich nicht gegen NATO oder EU richten, so wie auch der deutsch-französische Elysée-Vertrag die Europäische Union nicht beeinträchtigt. Diese Kooperation könnte Europa, das mehr ist als die Europäische Union, aber zu größerem weltpolitischem Gewicht verhelfen. Immerhin bringen die drei Länder 210 Millionen Einwohner, drei G7-Mitglieder, zwei Atommächte mit Ständigem Sitz im Weltsicherheitsrat und eine Exportsupermacht auf die weltpolitische Waage; und drei Regierungen können sich allemal leichter koordinieren als die 27 oder 28 in Brüssel.

All dies löst Multilateralismus und Werteorientierung nicht auf. Aber es ergänzt sie um mehr Pragmatismus und Realpolitik. Was die deutsche Außenpolitik benötigt, ist «gelassene Selbstbeschränkung in einer aus den Fugen geratenen internationalen Ordnung»[16] – und eine abgewogene Balance von Moral und Macht.

– Und was bedeutet dies schließlich für die ‹westlichen Werte›? Mehr als ein Vierteljahrhundert nach dem «Ende der Geschichte» lautet die Bilanz, dass der «Versuch, die Welt zu verwestlichen, [...] gescheitert» ist.[17] Die westlichen Werte sind und bleiben ein Ideal zur Selbstverständigung über die eigenen politisch-kulturellen Grundlagen. Sie sind die Grundlage unserer Selbstbehauptung gegen antipluralistische Fundamentalismen. Und im Fall massiver Menschenrechtsverletzungen erwächst aus ihnen eine moralische Verpflichtung zur militärischen Intervention, wohl wissend, dass es in diesen Ausnahmefällen kein klares Falsch und Richtig und keine sauberen Lösungen gibt.[18] Grundsätzlich aber stehen die Zeichen nicht auf idealistische Mission, sondern auf realistische Selbstbehauptung.

2. Eine Strategie für Europa: Flexible Union statt ever closer union

«Vieles von dem, was in den Amtsstuben in ganz Europa [...] heute noch gedacht wird – ich denke an die Widerstände und Überlegungen, dass etwas, was noch nie da gewesen war, deswegen auch nicht kommen könne –, wird durch die Entwicklung hinweggefegt werden. Es ist ein dynamischer Prozess eingeleitet worden, den wir in dieser Form in der modernen Geschichte noch nie hatten.»[19] So kommentierte Helmut Kohl Ende 1991 den gerade ausgehandelten Vertrag von Maastricht. Ein gutes Vierteljahrhundert später ist tatsächlich vieles hinweggefegt worden, wenn auch anders als gedacht. Die Euro-Schuldenkrise hat eine ökonomische Nord-Süd-Spaltung sichtbar gemacht und vertieft, die Flüchtlingskrise hat grundlegende Differenzen zwischen Ost und West hervortreten lassen, und beide Krisen haben Ressentiments gegen den «geoökonomischen Nationalismus» oder den «moralischen Imperialismus» Deutschlands geschürt.[20] Mit dem Brexit tritt erstmals ein Mitgliedsland aus der Europäischen Union aus, und auf dem Weg zu den Europawahlen 2019 gewinnen EU-kritische oder -feindliche Parteien europaweit an Zulauf. Steht die Europäische Union in einer Existenzkrise – oder vor einem Neuaufbruch, wie ihn der französische Präsident Emmanuel Macron in seiner Rede an der Pariser Sorbonne im September 2017[21] forderte?

Die historische Bedeutung der europäischen Integration liegt darin, dass Belgien, Luxemburg, die Niederlande oder Polen nicht mehr Einmarschgebiete für die Armeen benachbarter Großmächte sind, sondern Präsidenten europäischer Großmächte stellen. Und so defizitär die Euro-Rettungspolitik in vielem gewesen sein mag – dass die Staats- und Regierungschefs der Eurozone am 7. Mai 2010 zusammenkamen, um die

Krise gemeinsam zu bekämpfen, war genau das Gegenteil dessen, was die Verantwortlichen im Juli 1914 getan hatten, als niemand den Willen zu einer gemeinsamen Lösung hatte und die Krise binnen weniger Tage zur Katastrophe eskalierte. Dass Krieg nach menschlichem Ermessen innerhalb der Europäischen Union undenkbar geworden ist, überhaupt: dass friedlicher Interessenausgleich und zivile Konfliktbearbeitung als Art des Umgangs der Staaten und Völker Europas miteinander selbstverständlich geworden sind – das sind historisch einmalige Leistungen, von denen Konservative wissen, dass sie leichter zu zerstören als neu aufzubauen sind.

Zugleich sorgte die «Sakralisierung»[22] der Europäischen Union als «Schicksalsgemeinschaft» für Überdruss. Wenn es hieß, Europa habe nur die Wahl zwischen dem Euro und Wilhelm II., ja zwischen Frieden und Krieg,[23] dann tabuisierten solche Sprachformeln die europäische Integration im Zeichen der *ever closer union* und unterdrückten die Diskussion politischer Alternativen. Das gilt auch für nicht weiter hinterfragte Metaphern wie die vom europäischen Fahrrad, das immer weiter bewegt werden müsse, damit es nicht umfalle – wo doch ein Radfahrer, der nicht stoppen kann, ein Verkehrsrisiko ist. Ebenso apodiktisch erklärte die Formel «you cannot unscramble scrambled eggs»[24] (man könne Rührei nicht wieder trennen) den Austritt einzelner Mitglieder aus der Währungsunion für unmöglich. Solchen Bildern geht es nicht um Plausibilität, sondern um Eindeutigkeit und Alternativlosigkeit. Damit aber brachte sich das europäische Projekt um die Fähigkeit zur Selbstkritik und um die Bereitschaft zur Korrektur.

Zieht man eine Bilanz der europäischen Integration seit dem Vertrag von Maastricht 1992, dann wird man auf der Haben-Seite vor allem den Binnenmarkt und die damit verbundenen Wohlstandsgewinne sowie die vier Grundfreiheiten für Personen, Waren, Kapital und Arbeit verbuchen, die eine ganz neue Normalität der Bewegung innerhalb von Europa geschaffen haben. Eine weitere, meist übersehene Erfolgsgeschichte liegt im Beitrag der EU zur demokratischen, wirtschaftlichen und politischen Stabilisierung Ostmittel- und Südosteuropas nach 1990.[25] In der Öffentlichkeit stehen meist die Schwierigkeiten in und mit Polen und Ungarn, Rumänien und Bulgarien im Mittelpunkt. In der Tat sind die Entwicklungen vielfach hinter den Erwartungen zurückgeblieben. Sowohl ökonomisch als auch politisch aber lässt sich feststellen: Staaten innerhalb der EU geht es deutlich besser als außerhalb. Das gilt im Hinblick auf die Ukraine und Georgien, und das galt zu Beginn der neunziger Jahre für die Staaten des zerfallenden Jugoslawien. Die Kriege auf dem Balkan offenbarten vielmehr, welche Gefahrenpotentiale in dieser Region lagen, die schon nach dem Ersten Weltkrieg zum Ausbruch gekommen waren. Nach dem Zusammenbruch des Zarenreiches und der Habsburgermonarchie waren in Ostmittel- und Südosteuropa Räume fragiler Staatlichkeit und hoher Gewaltanfälligkeit entstanden, die innerhalb weniger Jahre von Demokratien in autoritäre Systeme oder Diktaturen umkippten und in denen die Schrecken des 20. Jahrhunderts dann am schlimmsten wüteten.[26] Alles, was in dieser Hinsicht verhindert wurde, sieht man nicht – aber es ist ein beeindruckender Erfolg.

Dem steht gegenüber, dass die Verlagerung von Hoheitsrechten auf die europäische Ebene in zwei Kernbereichen staatlicher Souveränität, nämlich der Währung und der Grenzen, alles in allem so defizitär funktioniert, dass es auf einzelstaatlicher Ebene kaum akzeptiert würde. Wie die Euro-Schuldenkrise gezeigt hat, sind die politisch-ökonomischen Kulturen so unterschiedlich, dass die in Maastricht vereinbarte Europäische Währungsunion kein verlässliches Fundament besitzt. Und in der Migrationskrise von 2015/16 haben sich nationales

Asylrecht, das europäische Recht von Schengen und Dublin und das humanitäre Völkerrecht in einer so dysfunktionalen Weise überlagert, dass am Ende eine unregulierte Massenzuwanderung entstand, die sich nur durch die unilaterale Schließung der Balkanroute und ein Abkommen mit der Türkei stoppen ließ, ohne dass die Probleme gelöst wurden.

Hinzu kommen politisch-kulturelle Differenzen, die wirksamer geblieben sind als gedacht. Allein schon zwischen Deutschland und Frankreich: Für Deutschland besitzt die geldpolitische Stabilität den Vorrang, für Frankreich der Sozialstaat. Was für Deutschland die Schuldenbremse, ist für Frankreich Konjunkturpolitik. Und während das historische Trauma der Deutschen die Inflation ist, sind die Deutschen das historische Trauma der Franzosen. Dahinter stehen unterschiedliche Rechtskulturen: eine mediterrane Auffassung, die mit Regeln eher nonchalant umgeht und für die eine rote Ampel ebenso wenig verbindlichen Charakter besitzt wie der Stabilitätspakt der Währungsunion. Oder wie Jean-Claude Juncker in der Euro-Krise sagte: «Auf die Verträge kommt es gar nicht an.»[27] Die angelsächsische Vorstellung wiederum sieht zwar Regeln für den Normalfall vor, nimmt im Notfall aber besondere Maßnahmen in Kauf. Das deutsche Rechtsverständnis hingegen geht aus historischer Erfahrung davon aus, dass Regeln gerade im Ausnahmezustand funktionieren müssen.

Diese und viele andere politisch-kulturelle Unterschiede wurden in der Euphorie der neunziger Jahren ignoriert. Inzwischen aber ist deutlich geworden, dass die Europäische Union nicht über jene vorstaatlichen Voraussetzungen verfügt, auf die ein freiheitliches Staatswesen angewiesen ist. Vielmehr ist es gerade die moralisch-ideologische Überhöhung zu einer Werte- und Schicksalsgemeinschaft, die Verselbständigung der Integration und die Überdehnung der Union, mit der die europäische Integration ihre Errungenschaften und damit sich selbst gefährdet.

Für eine liberal-konservative Europapolitik bedeutet dies: Wertschätzung für das Erreichte statt pauschaler EU-Kritik, Realismus einer flexiblen Union statt moralisierender Europaideologie und Bereitschaft zu rücksichtsvollem Führungshandeln. Mit den Worten des polnischen Außenministers Radosław Sikorski aus dem Jahr 2011: «Ich fürchte weniger die deutsche Macht, als dass ich beginne, deutsche Untätigkeit zu fürchten.»[28] Deutschland muss als politisch und ökonomisch stärkstes Land in Europa mehr für die europäische Ordnung tun, statt stets das eigene Schicksal als Zahlmeister Europas zu beklagen. Politikwissenschaftliche Theorien von rechts bis links besagen, dass eine Führungsmacht in die Ordnung investieren muss, damit sie akzeptiert wird und stabil bleibt[29] – woran Deutschland in der Mitte des Kontinents ein besonderes Interesse hat. Das Ziel muss sein, deutsche Interessen und europäisches Gemeinwohl so zu verbinden, dass Deutschland und Europa voneinander profitieren, ohne einander zu schaden. Dies ist immer neu auszutarieren, denn dass deutsche und europäische Interessen – wer immer sie bestimmt – umstandslos identisch seien, wie in Deutschland oft zu hören ist, gehört in jenes «Luftreich des Traums»,[30] von dem schon Heinrich Heine sprach. Die Stärke Europas liegt nicht in rührseliger Harmonie, sondern in der Fähigkeit, unterschiedliche Interessen zu vereinbaren.

Deutsches Führungshandeln in Europa ist in verschiedenen Formen möglich. Kooperation mit den beiden anderen Großen Frankreich und Großbritannien, um das Gewicht Europas auf die weltpolitische Waage zu bringen, wurde schon in der ersten These angesprochen. Sie mag Argwohn in anderen Hauptstädten hervorrufen, wie es bereits jetzt gegenüber dem deutsch-französischen Verhältnis der Fall ist. Die Kunst liegt darin, entscheidungsstarke Rücksichtslosigkeit ebenso zu vermeiden wie rücksichtsvolle Entscheidungsschwäche. Auch das

Führungshandeln in Europa erfordert das konservative Prinzip von Maß und Mitte. Es ist eine Frage der Balance zwischen machtpolitischen Anforderungen und Rücksichten auf die anderen europäischen Staaten. So lässt sich die Konsultation *à trois* um Koordinationen mit Polen, Spanien und Italien verbinden und überhaupt mit vielfältigen Formen multilateraler Zusammenarbeit und bilateraler Unterstützung.

Dass Deutschland mehr für die europäische Ordnung tun muss, gilt auch in finanzieller Hinsicht. Dabei werden zusätzliche deutsche Leistungen insbesondere dann als wohlwollende Führung wahrgenommen, wenn Deutschland sie als freiwillige Leistungen erbringt. Zusätzliche institutionalisierte Ansprüche an Deutschland wie Eurobonds oder vieles, was sich hinter Begriffen wie «Wirtschaftsunion» oder «Solidarität» verbirgt, drohen indessen nicht nur weitere Fehlanreize zu setzen, sondern auch die Akzeptanz der Europäischen Union in Deutschland zu untergraben. Zur europapolitischen Balance gehört auch, dass Deutschland auf der Einhaltung vereinbarter europäischer Regeln besteht und eine Transferunion durch die Hintertür ablehnt.

Eine solche liberal-konservative Europapolitik stellt sich nicht gegen zusätzliche Gemeinschaftsaufgaben. Aber sie plädiert für einen Paradigmenwechsel: weg vom Prinzip der *ever closer union*, die nur eine Richtung kennt (böse und mit Erich Honecker gesagt: «Vorwärts immer, rückwärts nimmer»[31]), hin zu einer flexiblen Union, die sich ergebnisoffen fragt, wo mehr und wo auch weniger europäische Integration sinnvoll ist, die also sowohl zur Vertiefung als auch zum Rückbau bereit ist. Ein solcher Rückbau könnte zum Beispiel die Möglichkeit umfassen, dass einzelne Staaten aus der Währungsunion ausscheiden können; aktuell geht es aber nicht um konkret anstehende Maßnahmen, sondern um eine grundsätzliche Bereitschaft, Überspannungen der europäischen Integration auch wieder abzubauen.

Was umgekehrt die Vertiefung der Union angeht, so stehen vor allem drei Felder an. Akut ist es die Asyl- und Migrationspolitik, in der eine dauerhaft tragfähige Lösung noch nicht gefunden ist, nachdem das System von Schengen und Dublin 2016 nur durch ein dubioses Abkommen mit der Türkei provisorisch gerettet werden konnte. Eine solche Lösung wäre auf europäischer Ebene wünschenswert; sollte sie sich aber als nicht durchsetzbar und funktionsfähig erweisen – und darauf deutet manches hin –, dann sind funktionierende nationale Lösungen bzw. gemeinsame Lösungen der betroffenen Staaten besser als nicht funktionierende europäische.[32]

Ein zweites Feld ist die Außen- und Sicherheitspolitik. Hier weist die Ende 2017 avisierte Ständige Strukturierte Zusammenarbeit PESCO in die richtige Richtung, insofern sie den Mitgliedern die Möglichkeit lässt, sich flexibel in verschiedene Projekte einzubringen. Ein drittes Feld schließlich liegt in einer geeinten europäischen Handelspolitik gegenüber den USA und China, nachdem die EU erfolgreiche Handelsverträge mit Kanada, Mexiko und Japan abgeschlossen hat. Auf diesem Feld ist die Union tatsächlich sehr viel stärker als die Einzelstaaten allein – immerhin ist die EU als Ganze die wichtigste Exportmacht der Welt. Das Problem liegt allerdings in unterschiedlichen Interessenlagen der einzelnen europäischen Staaten: Die einen orientieren sich mehr an China, andere eher an den USA, Frankreich ist traditionell skeptisch gegenüber Freihandelsabkommen, und andere Länder sind kaum an Export orientiert. Hier bedarf es der politischen Führung insbesondere von deutscher Seite, um die europäische Einigkeit und Handlungsfähigkeit herbeizuführen. Dabei muss Deutschland den europäischen Partnern klarmachen können, dass alle davon profitieren, und auch aktiv bereit sein, eigene Vorteile weiterzugeben.

Das Ziel ist eine Europäische Union, die sich auf Kernaufgaben wie Sicherheit und Handel, Infrastruktur, Forschung und technologische Zusammenarbeit konzentriert, statt immer mehr Politikbereiche zu vergemeinschaften. Sie kann innerhalb klar abgegrenzter Zuständigkeiten auch viel effizienter arbeiten, indem in diesen Bereichen ein höheres Maß an Mehrheitsentscheidungen möglich ist.

Und was heißt das für das Ziel eines europäischen Bundesstaates, den Helmut Kohl ebenso wollte wie *Pulse of Europe*? Einstweilen fehlen ihm, von einer europäischen Öffentlichkeit bis zum Wahlrecht, die elementaren Voraussetzungen.[33] In historischer Perspektive ist nicht ausgeschlossen, dass er eines Tages kommt, so wie der deutsche Nationalstaat im 19. Jahrhundert aus den Einzelstaaten hervorgegangen ist. Diese grundlegende Offenheit ist aber etwas anderes, als ihn konkret herbeizuführen oder gar eine europäische Republik zu erzwingen.[34] Die Ideologisierung Europas durch selbstgewisse Eliten wird die Gegenbewegungen nur noch verstärken und das Gegenteil des Gewollten erreichen. Wer ein funktionsfähiges Europa wünscht, beherzigt besser die Devise des ehemaligen Bundesverfassungsrichters Dieter Grimm: «Die Stärke der EU liegt in einer klugen Begrenzung.»[35]

3. Bildung: Echte Chancen und neue Aufklärung

Wilhelm von Humboldt zählt zu den populärsten weißen alten Männern der Gegenwart. Die Ideale des mündigen Individuums und der akademischen Freiheit in Schulen und Hochschulen, die seinen bildungspolitischen Reformen im Preußen des frühen 19. Jahrhunderts zugrunde lagen, werden noch immer beschworen, wenn auch oft als Fehlermeldung angesichts einer ökonomisierten Bildung und permanenter Reformen.[36] Zu Humboldts nach wie vor aktuellen Grundvorstellungen zählt erstens die verantwortungsvolle Rolle des Staates. Zweitens die Vorstellung, dass Bildung das Individuum betrifft und den ganzen Menschen umfasst, dass sie Allgemeinbildung ist und auf die Würde des Menschen als Grundlage von Humanität zielt. Und drittens steht Humboldt für die Idee einer Gesellschaft, in der Bildung eine zentrale Rolle spielt und in der es die individuelle Leistung sein soll, die über Erfolg und sozialen Rang entscheidet, nicht Herkunft oder Stand.[37]

Dieses Bildungsideal entstammt der Tradition des Humanismus und der Aufklärung, es ist nicht traditionalistisch oder affirmativ. Es zielt vielmehr auf die Bildung der kritisch-urteilsfähigen Persönlichkeit, die sich an der demokratischen Willensbildung im öffentlichen Meinungsstreit beteiligt. Gerade die Fülle der Entwicklungen und der Möglichkeiten verlangt nach Bürgern, die nicht einfach das allgemein Geglaubte übernehmen, sondern die Dinge kritisch reflektieren. Zu Zeiten der bundesdeutschen Bildungsreformen in den 60er und 70er Jahren des 20. Jahrhunderts war das eine linke Position. Heute sind es eher die Konservativen, die kritisch und aufklärerisch sind.

Zugleich ist es gerade in den bildungspolitischen Debatten wichtig, die Diskussion auf das Wesentliche zu konzentrieren, statt das Bildungssystem mit immer neuen Reformen und Experimenten oder mit zusätzlichen Aufgaben wie Binnendifferenzierung, Inklusion oder Ganztagsbetreuung zu überfordern, ohne hinreichende Ressourcen bereitzustellen.[38] Das gilt auch und gerade für das Zeitalter der Digitalisierung, die im nächsten Kapitel separat behandelt wird.

Was bedeutet dies konkret?

– Wesentlich für gelingende Bildungsbiographien ist Allgemeinbildung im weiten aufklärerischen und Humboldtschen Sinne der Persönlichkeitsbildung. Neben dem Spracherwerb im frühkindlichen Alter werden die Grundlagen dafür vor allem in der Grundschule gelegt. Sinnerfassendes Lesen, dessen Defizite im universitären Alltag deutlich erkennbar sind,[39] ist die Voraussetzung für strukturiertes Denken und Argumentieren und damit auch für eine funktionierende demokratische Öffentlichkeit. Rechnen kann man schon seit Jahrzehnten mit dem Taschenrechner, aber ein mathematisches Grundverständnis hat er noch nie vermittelt. Und Schreiben ist eine elementare Kulturtechnik der Weltaneignung, einschließlich Rechtschreibung und Handschrift. Es hat im Zuge verschiedener Grundschulreformen an Verbindlichkeit und Bedeutung verloren und somit zu substantiellen Bildungsverlusten geführt, wie ein Blick in Klassenarbeiten von Fünftklässlern einer beliebigen Schule zeigt.[40]

Wie so oft ist das Entscheidende letztlich einfach: Lernen erfordert Anstrengung, Wiederholung und Herausforderungen.[41] Lehrpläne müssen konsequent auf die Vermittlung dieser wesentlichen Grundlagen ausgerichtet sein. Und Bildungsstandards (von denen so oft die Rede ist) müssen effektiv gesichert werden (was sehr viel weniger geschieht).[42]

Dies gilt auch für ein gewisses Maß an Allgemeinwissen. Denn es reicht nicht, alles bei Wikipedia nachzuschauen. Wie wollen Menschen, wie will eine Gesellschaft sich verständigen, wenn man alles erst einmal im Netz nachschauen muss? Wie will man über das Berliner Stadtschloss und das Humboldt-Forum diskutieren, wenn man nichts über Preußen, die Hohenzollern und den Kolonialismus weiß? Ein Vorrat an gemeinsamem Wissen ist vielmehr eine verbindende Grundlage der Gesellschaft und der

Demokratie – übrigens auch als wirksames Gegenmittel gegen *fake news*. Gerade in Zeiten der Heterogenität und der digitalen Möglichkeiten ist es daher notwendig, mehr als bislang üblich verbindliches Allgemeinwissen zu kanonisieren. Als Orientierungswissen ist es zugleich die Grundlage für Tiefenverständnis und eigenständige Urteilskraft.

Zur Persönlichkeitsbildung gehört ebenso die Vermittlung von Anstrengungs- und Leistungsbereitschaft und von sozialen Tugenden wie Respekt und Pünktlichkeit sowie Selbstverantwortung. Sie bleiben die Voraussetzung für Bildungserfolg – und die Grundlage für Bildungsgerechtigkeit.

– Die konservativ-liberale Vorstellung von Bildungsgerechtigkeit orientiert sich am Ideal der Chancengerechtigkeit: dass möglichst gleiche Voraussetzungen gewährleistet sein sollen, aus denen dann unterschiedliche und ungleiche Ergebnisse erwachsen. Damit haben die Bildungsreformen der Bundesrepublik in den 60er und 70er Jahren enorme Erfolge erzielt. Sie haben ganzen Kohorten nichtakademischer Mittelschichten, insbesondere dem sprichwörtlichen katholischen Mädchen aus der Eifel, Chancen des Aufstiegs durch Bildung eröffnet und damit die gesamte Gesellschaft verändert. Heute lässt sich aber auch feststellen: Bestimmte Milieus haben diese Reformen nicht erreicht; sie haben sich stattdessen verfestigt, während zusätzlich eine neue sozialkulturelle Ungleichheit entstanden ist, die sich aus der Abschließung der neuen akademischen Mittelschichten ergibt und die sich in der Bildung und Erziehung der Kinder reproduziert.

Das Ergebnis ist eine eminente Diskrepanz: Die formalen Chancen im deutschen Bildungssystem sind größer denn je, zumal viele neue Übergangsmöglichkeiten zwischen den Schulformen geschaffen worden sind. Aber sie werden real zu wenig genutzt. Dabei sind es oft niedrigschwellige Barrieren, die akademischen Mittelschichten oftmals gar nicht bewusst sind, die sich aber als reale Hemmnisse auftun. Eine Schule beginnt eine Kooperation mit der städtischen Musikschule, aber die Eltern des Migrantenkindes haben die Anmeldefristen versäumt, weil sie den Anmeldezettel gar nicht lesen konnten – und einmal mehr ist es nur das deutsche Mittelschichtenkind, das an der bürgerlichen Musikkultur teilhat. Oder die Beantragung des Bafög: Sie ist so kompliziert, dass bildungsferne Schichten davor kapitulieren, abgesehen davon, dass sie sich eine Verzögerung des Auszahlungsbeginns gar nicht leisten können. Viele bildungsferne Einwandererfamilien oder auch Familien aus unteren Schichten trauen ihren Kindern höhere Bildung ohnehin nicht zu oder sehen deren Wert nicht. Zudem sind muslimische Familien mit Vorstellungen von Geschlechterrollen für Jungen und Mädchen oftmals wenig aufgeschlossen für Sozialaufstieg durch Bildung und individuelle Leistungsbereitschaft.[43]

Hier stellen sich neue Herausforderungen für die Idee der Chancengerechtigkeit. Eine Maßgabe, die inzwischen nicht nur von linker Seite bevorzugt wird, liegt in möglichst frühzeitiger außerfamiliärer Erziehung, um den Einfluss des Elternhauses zu reduzieren. Dies beschneidet allerdings die Freiheit der Familien, die ihre Kleinkinder selbst erziehen wollen und ihnen damit Gutes tun, und es spielt staatliche Institutionen gegen die Familien aus.

Eine liberal-konservative Politik kann sich weder mit dem Hinweis auf formale Chancen begnügen, noch folgt sie einem leistungsnivellierenden Egalitarismus. Sie kann sich aber am Konzept der «echten Chancen» orientieren, das der Sozialphilosoph Amartya Sen entworfen hat:[44] Chancen dürfen demzufolge nicht nur formaler Art, sondern sie müssen auch real erreichbar sein; auf dieser Voraussetzung ruht dann das Prinzip der Selbstverantwortung.

Dazu ist eine aktive Chancenpolitik erforderlich, die auch die Familien einbezieht und auf Paten und Mentoren baut, seien es Angehörige der Mehrheitsgesellschaft, seien es Migranten, die ihre Chancen selbst aktiv genutzt haben und die als Vorbilder dienen können.[45] Eine vorbildliche Einrichtung ist zum Beispiel das «Diesterweg-Stipendium für Kinder und ihre Eltern» der Stiftung Polytechnische Gesellschaft in Frankfurt, das inzwischen bundesweit an verschiedenen Standorten angeboten wird: ein Bildungsstipendium mit Programmangeboten, das Kindern und Eltern dabei hilft, Zugangsbarrieren zu überwinden.[46] Im Falle zweier Stipendiaten wollen beide Migrantenkinder Lehrer werden und somit ihre eigenen Erfahrungen und ihren eigenen Erfolg weitergeben. Solches Engagement darf der Staat aber nicht allein zivilgesellschaftlichen Organisationen überlassen. Hier, bei der Herstellung von Chancen, ist aus konservativer Warte tatsächlich mehr Staat nötig.

– Eine solche Bildungspolitik der echten Chancen beruht auf einer allgemeinen Kultur der Anstrengung und Einsatzbereitschaft, die Aufstieg durch Leistung und Bildung wertschätzt, berufliche ebenso wie akademische, und die Vorbilder positiv kommuniziert. Hier sind asiatische Gesellschaften den europäischen offenkundig entscheidend voraus.

Bildungsgerechtigkeit durch Leistung bedeutet, neben der Sicherung der Grundlagen, am Ende der Grundschulzeit verlässliche Leistungserhebungen vorzunehmen und dementsprechende bindende Empfehlungen für die weiterführenden Schulen auszusprechen. Werden sie für den Fall, dass Eltern mit der Empfehlung nicht einverstanden sind, mit allgemeingültigen Testverfahren verbunden, ist auch der Elternwille berücksichtigt; vor allem aber wird der Effekt der sozialen Herkunft reduziert, der gerade bei leistungsnivellierten und unverbindlichen Systemen voll durchschlägt. Eine Kultur der Leistungsorientierung auf der Basis realer Chancen ist demgegenüber gerecht, und sie ist nachhaltig, individuell ebenso wie gesamtgesellschaftlich.

- Neben den allgemeinbildenden Grundlagen und der Chancengerechtigkeit sind die Lehrpersonen ein zentraler Faktor liberal-konservativer Bildungspolitik. Sie sind entschieden mehr als bloße «Lernbegleiter» für selbstgestaltetes Lernen, wie es in einem technokratischen Didaktikdeutsch oftmals heißt. Sie sind vielmehr, dem christlichen und dem konservativen Personenverständnis entsprechend, das Gegenüber der Schüler. Sie stellen Herausforderungen, geben Orientierung und Fremdeinschätzung, sind Vermittler und Vorbild, und ihre Professionalität und Qualifikation sind wesentliche Faktoren für den Lernerfolg der Schüler.[47] Erforderlich ist daher mehr als bislang besondere Sorgfalt bei der Rekrutierung und der Ausbildung von Lehrern. Und mindestens ebenso bedarf es der aktiven Begleitung und der Wertschätzung in der Ausübung ihres Berufs. Statt Lehrer als «faule Säcke» (Gerhard Schröder) zu apostrophieren, ist es nötig, sie nicht permanent mit neuen Aufgaben zu überfrachten und zu zermürben.
- Eine weitere Baustelle ist die des Föderalismus. Der zunehmende Ruf nach Zentralisierung ist dabei in erster Linie eine Fehlermeldung des Föderalismus. Denn Zentralismus heilt nicht. Aber der deutsche Bildungsföderalismus funktioniert nicht. Das gilt zum Beispiel für solche Etikettenschwindel wie das «Zentralabitur»: Ob die gesamte Prüfung oder einzelne Aufgaben zentral gestellt sind, diese

Aufgaben möglicherweise gar nicht gewählt werden müssen, ob die Prüfungsergebnisse vom Fachlehrer selbst, von Kollegen an der eigenen Schule oder von auswärtigen Gutachtern benotet werden – alles das macht erhebliche Unterschiede. Und alles das ist unter dem Label «Zentralabitur» gängige Praxis. Auch die Bildungsstandards, auf die sich die Kultusminister geeinigt haben, bleiben ohne Überprüfungsmechanismen und sind somit ins Belieben der Länder gestellt. Der Föderalismus kann nicht funktionieren, wenn er Schrullen wie die aus Hamburg toleriert, dass nicht die Fachlehrer die Mathematiknote festlegen, sondern die Lehrerkonferenz.[48]

Der Föderalismus hat nur dann eine Chance, wenn er sich als Ideenwettbewerb profiliert und nicht als Mangelverwaltung und Mogelpackung präsentiert. Ein Staatsvertrag zwischen den Ländern kann in diese Richtung wirken.[49] Allerdings muss seine Einhaltung sichergestellt werden, etwa durch ein Monitoring seitens des neu einzurichtenden Nationalen Bildungsrats. Denn nur gleichwertige Abschlüsse garantieren Transparenz und Qualität, Mobilität zwischen den Ländern – und vor allem Bildungsgerechtigkeit, so weit sie sich erreichen lässt.

– Schließlich: Lernen findet nicht im luftleeren Raum statt, sondern in Gebäuden, die sich oftmals freilich in mehr als beklagenswertem Zustand befinden. Warum sind die Zukunftswerkstätten der Gesellschaft, Schulen und Hochschulen, schlechter ausgestattet als die Gebäude für ihre Besitzstandsverwaltung? Ich jedenfalls schäme mich gegenüber meinen Studierenden für die Räumlichkeiten, in denen ich sie unterrichten muss. Bildungsempiriker sagen oft, es bestehe kein Zusammenhang zwischen Geld und Qualität.[50] Bildungspraktiker vor Ort hingegen wissen: Ohne funktionsfähige Grundausstattung und Ressourcen ist alles nichts. Schule als Lern- und Lebensort ist nicht vollständig sozialstatistisch vermessbar, sondern nicht zuletzt eine Frage des politisch-kulturellen Selbstverständnisses einer Gesellschaft und ihrer Prioritätensetzung, ihrer Zukunftsinvestitionen und ihrer Zukunftsfähigkeit. Was die Verteilung der materiellen Ressourcen betrifft, sollte die Maßgabe daher heißen: Bildung first, Verwaltung second.

4. Digitalisierung: Be-Denken first

Im Februar 2014 wurde der amerikanische Journalist und Schriftsteller Daniel Genis nach zehnjähriger Haft aus dem Gefängnis entlassen. Er fand sich in einer anderen Welt wieder, in der ihm vor allem die Telefone auffielen, «die allen Passanten heute an den Händen kleben. [...] Die Besonderheit liegt nicht so sehr in der Technologie an sich, obwohl die Smartphones die digitale Welt von den Schreibtischen geholt haben – sondern in der Art, wie die Gesellschaft mit ihr umgeht.»[51]

Die Digitalisierung prägt und verändert die Lebensrealitäten des frühen 21. Jahrhunderts auf allen Ebenen: Globale Kommunikation ist zu jeder Zeit über Twitter, Skype, Facebook, Snapchat oder Instagram möglich. Die zunehmende Medialisierung der verschiedenen Lebensbereiche verändert Zeitrhythmen, Wahrnehmungen, Kommunikationsweisen und Verhaltensformen. Big Data und Data Mining entwerten ältere Wissensformen. Ob Produktionsprozesse oder die Aktenführung der Bundesverwaltung, Finanzmärkte oder Onlinebanking, Medizin, Design und Architektur – nichts ist mehr ohne digitale Technologien denkbar. Andererseits verbreiten sich neue Formen der Spionage und des Missbrauchs durch Hacker, zudem sorgen sich viele vor Datenspeicherung und der Manipulation durch die Multimediakonzerne, die zugleich neue Oligopole bilden. Dabei wird die Digitalisierung die Welt immer weiter verändern; autonomes Fahren und Künstliche Intelligenz sind nur zwei Stichworte. Mindestens ebenso unabsehbar, wie noch vor zehn Jahren eine Welt war, in der fast alle Menschen mit Smartphones unterwegs sind, ist für uns die Welt des Jahres 2030.

Allerdings ist nicht alles, was uns neu scheint, wirklich neu. Kommunikation über große Distanzen in Echtzeit war zum Beispiel eine Erfahrung, die im 19. Jahrhundert mit dem Fernsprecher einzog. Elektrifizierung erlebten die Zeitgenossen um die Wende vom 19. zum 20. Jahrhundert als Disruption 1.0, die sich mit einer vermeintlich unkontrollierbaren, richtungslosen Beschleunigung verband. Was wir Digitalisierung nennen, lässt sich als neuerlicher Verdichtungsschub innerhalb einer längerfristigen «Verwandlung der Welt»[52] durch neue Technologien seit dem 19. Jahrhundert verstehen.

Neu ist indessen erstens die Menge, die Geschwindigkeit und die Verknüpfung von umlaufenden Informationen, die aus der Zunahme von Quantität eine Veränderung von Qualität machen. Zweitens spricht manches dafür, dass sich mit der Digitalisierung und ihren Logiken die Art des Denkens verändern könnte. Während man nämlich eine Buchseite von links oben nach rechts unten liest, folgt man auf einer Webpage den Hyperlinks und surft. Dieses Vorgehen ist sprossenartig oder wurzelförmig («rhizomatisch»[53]), und es operiert flächig-vernetzt statt logisch-hierarchisch und linear-kausal, wie es die abendländische Denktradition tat.

Drittens stellt Künstliche Intelligenz die Gretchenfrage der Digitalisierung: Ist sie in der Lage, eigenes Bewusstsein zu gewinnen und über die Ausführung von Programmen hinauszugehen? Sogenannte schwache KI, die auf Mustererkennung zielt, kann dies nicht, wie fortgeschritten auch immer sie ist. Die Frage ist aber, ob sich neuronale Netzwerke, ob sich selbstlernende Systeme verselbständigen können. Die humanistische Philosophie sagt: Nein, das können sie nicht; vielmehr bleibt der kategoriale Unterschied der Deliberation und der Begründung, der Freiheit und der Verantwortung, zu der auch noch so starke KI nicht in der Lage ist.[54] Es gibt aber auch die Hypothese, dass neuronale Vernetzungen künstliches Bewusstsein erlangen können, wenn eine ausreichend hohe Komplexität erreicht ist.[55]

Wer kann diese Frage beantworten? Sie muss einstweilen offen bleiben und lässt uns ohne sichere Prognose zurück. Hinzu kommt die historische Erfahrung, dass die Zukunft doppelt anders wird: anders als die Gegenwart, aber auch ganz anders, als wir sie heute erwarten. Das bedeutet zugleich: Es gibt keine sichere Grundlage für die völlige Umstellung unserer Kulturtechniken und Verhaltensweisen. Angemessen sind daher behutsame, reversible Anpassungen und die Offenheit dafür, KI und analoge menschliche Fähigkeiten zu verbinden, statt auf ungewissen Grundlagen alles völlig neu zu machen – Evolution statt Revolution.

Konkret bedeutet dies, die defizitäre Infrastruktur in Deutschland im Bereich von Glasfaserverkabelung, Breitbandanschlüssen und Mobilfunknetzen konsequent auszubauen. Dazu gehört auch, in Forschung zu investieren, insbesondere zur Künstlichen Intelligenz. Die Idee, ein europäisches Stanford zu gründen, mag eine richtige Option sein; sie verweist freilich zugleich darauf, sich keine Illusionen zu machen. Um zu werden, was es ist, brauchte Stanford nicht nur viel Geld, sondern auch ein Jahrhundert.

Neben dem Ausbau von Infrastruktur und Forschung bedarf es zugleich der Metareflexion. Denn die entscheidende

Herausforderung der Digitalisierung ist ihre Anverwandlung zum Nutzen der Menschen, nicht deren Unterwerfung unter vermeintliche Sachzwänge.

Dies betrifft ganz elementar die Herausforderungen in der Bildung. Es geht um digitale Kompetenzen *und* Medienmündigkeit – das klassische Bildungsideal der selbständig urteilsfähigen Persönlichkeit ist im digitalen Zeitalter möglicherweise wichtiger denn je. Es geht darum, den Menschen 1.0 fit zu machen für die Welt 4.0, 5.0 und 6.0. Neben den notwendigen *skills* bedarf es daher der Vermittlung von Wissen um informatische Denkmodelle und um software- und datentechnische Zusammenhänge. Zudem sind eine verlässliche, nämlich nachhaltige Infrastruktur erforderlich, eine Stärkung der MINT-Fächer im öffentlichen Bewusstsein sowie digitale Kompetenzen von Lehrpersonen samt neuer pädagogischer Konzepte.

Die Erfahrung besagt, dass der Einsatz digitaler Methoden am besten *ergänzend* gelingt. Daher geht es um eine kluge Verbindung analoger Kulturtechniken und digitaler Medien im Hinblick auf ihren Mehrwert – nicht als Selbstzweck. So lässt zum Beispiel die Lernmotivation durch Tablets oder Smartphones erfahrungsgemäß nach wenigen Wochen wieder nach. Zugleich behalten die bereits im vorigen Kapitel genannten analogen Bildungsinhalte ihren Wert, auch und gerade im digitalen Zeitalter: Soziale Tugenden und elementare Kulturtechniken wie Texterschließung, Rechtschreibung und logisches Verständnis bleiben die Voraussetzungen von Bildungserfolg. Eigenständige, kritische Urteilsfähigkeit ist nicht ohne Grund auch die Gretchenfrage der Künstlichen Intelligenz.

Nötig ist ein «digitaler Humanismus»[56], der auf Persönlichkeitsbildung, Urteilsfähigkeit und Metareflexion beruht, damit Menschen die Computer beherrschen und nicht Computer die Menschen. Denn was es bedeuten kann, wenn Menschen schutzlos den zerstörerischen Folgen neuester Technologien ausgeliefert sind, das haben in extremster Form die Soldaten auf den Schlachtfeldern des Ersten Weltkriegs erlebt, wenn sie in Maschinengewehrfeuer liefen, von Gasen verätzt, von Granaten zerfetzt oder von Panzern überrollt wurden. Dass es auch anders geht, zeigte die soziale Zähmung einer vermeintlich übermächtigen Industrialisierung durch soziale Sicherungssysteme, Tarifpartnerschaft und soziale Marktwirtschaft – eine historische Leistung der Anverwandlung entfesselter Kräfte. In diesem Sinne ist eine «soziale Digitalisierung» zum Nutzen der Menschen die zentrale Aufgabe unserer Zeit – und ein Paradebeispiel für eine konservative Gestaltung des Wandels.

5. Ein neuer Ruck für das «Modell Deutschland»: Infrastruktur, Stadt und Land

Deutschland war, zusammen mit den USA, der weltweite Spitzenreiter in der zweiten Phase der Industrialisierung um die Wende vom 19. zum 20. Jahrhundert. Stahl, Elektrotechnik und Chemie begründeten deutsche Stärken, von denen das Land bis heute profitiert. Deutschland profilierte sich im vergangenen Jahrhundert über seine hochtechnologischen Qualitätsprodukte, insbesondere im Automobil- und Maschinenbau,[57] mit denen es auch als Ausrüster von *emerging markets* reüssierte und insbesondere vom Aufstieg Chinas massiv profitierte.

Aber was ist seitdem passiert? Die deutsche Automobilindustrie scheint den Anschluss in das Zeitalter der Elektromobilität zu verlieren, während ihr Image durch manipulierte

Angaben über Abgasgrenzwerte weltweit gelitten hat. Keine deutsche Bank spielt mehr in der Liga der *global player*. Und das deutsche Mobilfunknetz fällt durch seine Löcher auf. Ist das «Modell Deutschland» auf dem Weg in die Krise?

Tatsächlich hat Deutschland offenkundig ein Problem, Großprojekte zu realisieren, wie sich nicht nur am Flughafen BER, sondern auch an der dritten Start- und Landebahn am Flughafen München oder dem Eisenbahn- und Infrastrukturprojekt Stuttgart 21 zeigt, während die Schweiz das 2016 eröffnete Mammutprojekt des Gotthard-Basistunnels vor der Zeit und unter den veranschlagten Kosten abschloss. Hinzu kommen substantielle Infrastrukturdefizite und Investitionsversäumnisse bei der Deutschen Bahn oder Staus auf den Straßen, vor allem beim Pendlerverkehr in Ballungsgebieten (wobei auch der Verkehr deutlich zugenommen hat). Verschärft werden die Probleme durch fortgeschrittene Regulierungen und deren Handhabung. Feinstaubverordnungen zum Beispiel führen zu Fahrverboten, obwohl umstritten ist, dass die Grenzwerte angemessen sind.[58] Offenkundig mangelt es in Bevölkerung, Unternehmen und Politik am Willen zur nachhaltigen Weiterentwicklung des «Modells Deutschland». Stattdessen verbinden sich Globalisierungsskepsis und Technologiefeindlichkeit – mit dem Ergebnis schwindender Innovationskraft.[59]

Dahinter steht ein bekanntes Muster. Denn wenn bewundernd vom «Modell Deutschland» die Rede ist, dann befindet es sich mit einiger Wahrscheinlichkeit gerade auf dem Weg in die Krise.[60] Als in den 80er Jahren Wohlstand und politische Stabilität, Demokratisierung und Emanzipation gefeiert wurden, war die Bundesrepublik dabei, notwendige Anpassungen an den weltwirtschaftlichen Wandel zu versäumen. Das rächte sich im Gefolge der Wiedervereinigung und floss in die deutsche Vereinigungskrise um die Jahrtausendwende ein. Als dann freilich allenthalben vom «Abstieg eines Superstars»[61] die

Rede war, befand sich das Land unbemerkt schon wieder auf dem Weg nach oben. Angesichts dieser Diskrepanz aus Sein und Scheinen ist es daher kein gutes Zeichen, dass seit einiger Zeit immer wieder vom ‹deutschen Modell› die Rede ist. Tatsächlich spricht manches dafür, dass Deutschland die notwendigen Investitionen für die Zukunft versäumt.

Deutschland braucht daher einen neuen «Ruck», von dem Bundespräsident Roman Herzog 1997 sprach.[62] Er umfasst Anstrengungen zur infrastrukturellen Modernisierung, vor allem in den Bereichen Verkehr und Mobilität, Digitalisierung und Kommunikation sowie Schulen und Hochschulen. Es umfasst aber auch die Unterstützung von Innovationsbereitschaft zum Beispiel durch Risikokapital – samt der Notwendigkeit, auch das Scheitern von Innovationsbereitschaft bewusst in Kauf zu nehmen.

Dabei eröffnen sich gerade ganz neue Möglichkeiten der Gestaltung des Wandels, nicht zuletzt in ländlichen Regionen. Durch die Verbindung von Digitalisierung und öffentlichem Nahverkehr lassen sich zum Beispiel bedarfsgenaue Lösungen erfinden, statt Busse in festen Takten mit niedriger Frequenz fahren zu lassen, in denen dann kaum jemand sitzt. Überhaupt: Die Digitalisierung eröffnet ganz neue Chancen, im Grünen zu leben und zu arbeiten, statt im Verkehrsinfarkt des Stadtumlands zu ersticken. Hier eröffnen sich Chancen für die Zukunft der ländlichen Regionen, die, wenn sie nicht nahe an den Städten und Ballungszentren liegen, allenthalben unter Wegzug und Leerstand leiden und sich mit negativen Prognosen konfrontiert sehen. Tatsächlich lässt sich oft genug der Teufelskreis beobachten, dass junge Menschen aus dem Dorf in Neubaugebiete am Ortsrand oder ganz in die Städte ziehen. Alte Menschen sterben, ihre Häuser stehen leer, dann schließt erst der Bäcker im Dorf, danach die Grundschule, und Ärzte gibt es auch nicht mehr. Wo der Metzger war, macht, wenn überhaupt, ein Tattoo-Studio auf. Ortskerne veröden, und die Menschen fühlen sich abgehängt.

Es gibt freilich auch Gegenbeispiele wie Wallmerod im Westerwald, Wittlich in der Eifel oder Hofheim in Unterfranken.[63] Sie beginnen bei konkreter Unterstützung und Hilfen für junge Familien, Häuser im Ortskern zu übernehmen und zu sanieren. Ein altes Schulhaus wird zur Hälfte durch die Kommune, zur anderen Hälfte mit Eigenmitteln der Bewohner saniert und zum Gemeinschaftshaus umgebaut. Bürger bauen Räume für eine Praxis aus, in die nun zweimal in der Woche eine Ärztin zur Sprechstunde kommt. Zugleich entsteht ein Dorfgemeinschaftsladen mit Lebensmitteln und frischen Backwaren, der gerade für die Lebensqualität der alten Menschen von unschätzbarem Wert ist.

Voraussetzung dafür (und Ergebnis zugleich) ist bürgergesellschaftliches Engagement, das ein Gefühl von Heimat schafft. Dies musste in Hofheim freilich erst zurückgewonnen werden. Denn die Kommunalreformen der 70er Jahre hatten zwar, bis zur Pflege der Grünflächen, erhebliche Effizienzgewinne durch größere und spezialisierte Verwaltungseinheiten erbracht. Allein schon die entsprechenden Gemeinde- und Landratsämter strahlen aber eine bürokratische Anonymität aus, die zu einem lange wirkenden Verlust an Identifikation geführt hat.

Dieser Verlust an Bürgersinn und Heimatgefühl war ein Kollateralschaden reinen politischen Effizienzdenkens. Daher zeigt die Erfahrung zweierlei: Ohne auf bürokratisch-administrative Effizienz zu verzichten, ist Beheimatung die zentrale Maßgabe einer zukunftsorientierten und nachhaltigen Politik für die ländlichen Räume (und *mutatis mutandis* auch für Städte und Ballungsgebiete). Dann aber lässt sich der Wandel auch gestalten, statt nur Niedergang zu erleiden.

6. Klimawandel und Umweltpolitik: Offenheit statt Ideologie

Jede Hitzeperiode im Sommer wird als Zeichen für die Erderwärmung diskutiert. Und wenn es im Winter kräftig schneit, melden sich die Zweifler. Oder sind Schwankungen erst recht Indizien für den Klimawandel? Neben der Digitalisierung ist der Klimawandel zum globalen Großthema aufgestiegen. Dass auch Winfried Kretschmann von der «Schöpfung»[64] spricht, verweist auf die transzendente Dimension des Themas: die konservative Vorstellung vom Band zwischen den Toten, den Lebenden und den noch nicht Geborenen. Zugleich verweist die religiöse Diktion auf die ideologische Dimension, mit der Debatten über Umweltpolitik und Klimawandel geführt werden.

Dabei war Klimawandel immer. Erst der Treibhauseffekt machte die Erde überhaupt bewohnbar; ohne ihn läge die weltweite Durchschnittstemperatur bei minus 18° C.[65] Klima ist ein komplexes System, das von vielen Faktoren beeinflusst wird und immer wieder Schwankungen erlebt wie zum Beispiel die kleine Eiszeit im Spätmittelalter. Dennoch herrscht unter Klimaforschern weltweit große Einigkeit, dass mit der Industrialisierung eine welthistorische Veränderung eingetreten ist: Erstmals sei es der Mensch, der einen Klimawandel verursacht hat.[66] Er setzte mit der Industrialisierung ein und verstärkte sich seit etwa 1950. Vor allem die Verbrennung fossiler Energieträger führte zu einer erhöhten Konzentration der Treibhausgase in der Atmosphäre.

Der fünfte Bericht des Weltklimarats, der 2013/14 erschien,[67] sagte voraus, dass fortgesetzte Emissionen von Treibhausgasen zu Veränderungen des gesamten Klimasystems führen und eine weitere Erwärmung um mindestens 1,5 bzw. 2° C gegenüber der zweiten Hälfte des 19. Jahrhunderts bewirken. Vor diesem Hintergrund legte der Wissenschaftliche Beirat der Bundesregierung Globale Umweltveränderungen (WBGU) im Jahr 2011 einen «Gesellschaftsvertrag für eine Große Transformation» vor.[68] Seine Mission war moralisch und historisch definitiv fomuliert: «Das kohlenstoffbasierte Weltwirtschaftsmodell ist auch ein normativ unhaltbarer Zustand, denn es gefährdet die Stabilität des Klimasystems und damit die Existenzgrundlagen künftiger Generationen. Die Transformation zur Klimaverträglichkeit ist daher moralisch ebenso geboten wie die Abschaffung der Sklaverei und die Ächtung der Kinderarbeit.» Ein «Paradigmenwechsel von der fossilen zur postfossilen Gesellschaft» solle eine dritte Revolution der Weltgeschichte herbeiführen: tiefgreifende Änderungen von Infrastrukturen, Produktionsprozessen und Lebensstilen sowie ein neues Zusammenspiel von Politik, Gesellschaft, Wirtschaft und Wissenschaft im weltweiten Maßstab.

Damit reihte sich die «Große Transformation» in einen Entwicklungsstrang der modernen Industriegesellschaften ein, in dem Experten zu einem immer wichtigeren Faktor der politischen Öffentlichkeit wurden.[69] Ihre Verfügung über exklusives Wissen verführte sie dabei immer wieder dazu, dieses Wissen absolut zu setzen und eine Welt nach ihrem Bild zu entwerfen. Dass dieser Anspruch mit den Prinzipien der Demokratie kollidierte, löste Claus Leggewie, Mitglied des WBGU, durch den «demokratiepolitische[n] Clou» auf, dass die Große Transformation die «Umsetzung objektiver Notwendigkeiten in normative Verhaltensweisen» bedeute.[70] Der Volkswirt Carl Christian von Weizsäcker kritisierte solche Vorstellungen der *volonté générale* als «Anmaßung von Wissen» gegenüber den liberal-demokratischen Prinzipien einer offenen Gesellschaft.[71]

Dieser Mechanismus zeigte sich auch, als im frühen 21. Jahrhundert kein weiterer nennenswerter Anstieg der globalen Temperaturen zu verzeichnen war und sich die Frage stellte, wie eindeutig diese Entwicklung ist. Bedeutete die «Klimawandel-Pause» eine temporäre Schwankung innerhalb einer stabilen Gesamtentwicklung? Oder widersprach die Empirie den Modellen? Wer so fragte, wurde freilich als «Klimaskeptiker»[72] stigmatisiert und damit aus dem Kreis der ernsthaften Debattenteilnehmer ausgeschlossen.

Solcher Ideologie steht freilich ebenso dogmatische Ignoranz gegenüber. US-Präsident Donald Trump machte sich lustig, die weltweit spürbaren Phänomene nenne man «Wetter»,[73] und Kritik äußerte sich nicht nur in Form skeptischer Reflexion, sondern öffentlichkeitswirksam zugespitzter Gegenwahrheiten. Der Begriff der «Klimaverschwörung» vermittelte den Eindruck, der Klimawandel sei erfunden und beruhe auf gefälschten Daten.[74] Und auch ökonomische Interessen lagen nicht fern. Unternehmen wie die Erdölkonzerne ExxonMobil und Lobby-Gruppen wie die Global Climate Coalition finanzierten Studien und suchten die Wissenschaft in den Dienst der eigenen Ziele zu nehmen.[75]

So ist der Klimawandel zu einem Politikum geworden, um das mit harten ideologischen Bandagen gekämpft wird. Auch das ist nicht ganz neu: Ähnliche narrative Muster waren bereits Anfang der 80er Jahre in den deutschen Debatten über das ‹Waldsterben› und den ‹sauren Regen› zu besichtigen.[76] Wissenschaftliche Befunde wurden mediengängig zugespitzt und alarmistische Prognosen massenmedial verbreitet. Eine emotionalisierte öffentliche Diskussion in Kategorien von ‹Krankheit› und ‹Sterben› nahm geradezu hysterische Züge an: «Erst stirbt der Baum, dann der Mensch», verkündete die Umweltorganisation Robin Wood. In der Folge wurden weitreichende Maßnahmen zur Entschwefelung der Luft wie die Großfeuerungsanlagen-Verordnung oder die Einführung der Katalysatorpflicht für Autos ergriffen. In den 90er Jahren stand der deutsche Wald wieder sehr viel besser da als erwartet. Die Frage war nur: Blieb die prognostizierte Katastrophe aus, weil die Prognose überzogen war oder weil die ergriffenen Maßnahmen sie abwendeten? Die Frage lässt sich nicht sicher beantworten. Sicher aber ist, dass die ergriffenen Maßnahmen positiv wirkten.

So führt ein doppelter Befund – die Feststellung dogmatischer Unbedingtheit ebenso wie nützlicher Maßnahmen – in das Zentrum einer konservativen Umweltpolitik, die sich gegen Ideologie *und* Ignoranz wendet und in der gleich mehrere Muster konservativen Denkens zusammenkommen: Skepsis gegenüber vermeintlichen Eindeutigkeiten und selbstgewisser Unbedingtheit, Sinn für Paradoxien und Widersprüchlichkeiten sowie das Prinzip von Maß und Mitte.

Historisch gesehen waren alle Energieträger mit gravierenden Problemen verbunden. Die ursprünglichste aller erneuerbaren Energien, der menschliche und der tierische Körper, war um die Entlastung durch die Dampfmaschine froh. Der Gebrauch von Holz und Kohle führte aber zu Holzknappheit, verschmutzte die Luft und erzeugte Unmengen von Kohlendioxid. Kernenergie birgt in Betrieb und Lagerung die Risiken der Radioaktivität, während erneuerbare Energien das Problem der Unbeständigkeit ihrer Erzeugung und mangelnder Speicherbarkeit haben. Zudem sind spätere Probleme im Vorhinein oft nicht zu erkennen. Marie Curie transportierte Uran in der Tasche ihres Kittels, und das Atomium in Brüssel aus dem Jahr 1958 zeugt noch heute vom Glauben an die Kernenergie als *perpetuum mobile* einer sauberen Energie. Selbstreflexiv gewendet: Was werden wir in zwanzig Jahren über erneuerbare Energien denken?

Deutschland ist kein sonderlich günstiger Standort für die Energiegewinnung aus Sonne, Wind und Wasser. Kosteneffizienz würde ein europäisches Gesamtkonzept voraussetzen, doch war die deutsche «Energiewende» von 2011 ein nationaler Alleingang *par excellence.* Hinzu kommen Fehlsteuerungen durch politisch regulierte Märkte und der Umstand, dass überschüssiger Ökostrom ins Ausland geleitet wird, um die deutschen Netze nicht zu überlasten, und Deutschland dafür zahlen muss, wenn er dort nicht gebraucht wird. Oder die allenthalben geforderte Elektromobilität: Wie sieht die Umweltbilanz der Herstellung von Batterien gegenüber einem Dieselmotor aus? Wer legt überhaupt seriöse Vollkostenrechnungen vor? Und gibt es die überhaupt?

Jedenfalls gibt es offenkundig nicht das eine Modell, das für alles passt und nach dem sich die Welt umgestalten ließe. Daher setzt eine konservative Politik auf erfahrungsgestützten Pragmatismus. Die Debatte um den ‹sauren Regen› und das ‹Waldsterben› gibt dafür eine lebendige Anschauung. Denn dort war einerseits viel Hysterie am Werk. Andererseits wirkten die ergriffenen Maßnahmen positiv; jedenfalls war es besser, sie zu ergreifen, als sie zu unterlassen. Eine konservativ-pragmatische Umweltpolitik wendet sich demzufolge gegen ideologischen Absolutismus und setzt sich zugleich für möglichst umfangreiche Schutzmaßnahmen ein. Im Bereich der Energiepolitik bedeutet dies, Forschungen über innovative Energieformen und Energiegewinnung zu intensivieren. Eine solche Politik setzt auf einen Energiemix, um die Nachteile zu diversifizieren. Sie strebt möglichst weitgehende europäische und globale Koordination an und ist zu notwendigen Investitionen bereit. Dabei ist sie offen und umkehrbar angelegt, statt einem abstrakten Modell zu folgen; mit Karl Popper gesprochen: Sie setzt auf schrittweise Veränderungen statt *utopian social engineering.*

Sie richtet sich nicht gegen die bestehende Ordnung, um eine neue Welt zu bauen, sondern arbeitet mit ihr – und sucht nach möglichst marktwirtschaftlichen Lösungen. Tatsächlich hat der Kapitalismus es immer wieder geschafft, alternative und Gegenbewegungen zu absorbieren. Er nahm zum Beispiel die antiautoritäre Kritik von «1968» auf und machte sich die Forderungen nach individueller Entfaltung, Kreativität und Autonomie produktiv zu eigen.[77] *Green energy* zeigt: Am effizientesten funktioniert die Verbindung von politisch für sinnvoll gehaltenen und marktwirtschaftlich machbaren Lösungen, die auf qualitatives statt quantitatives Wachstum zielen. «Better Growth, Better Climate»[78] setzt nicht auf ein grundlegendes Umsteuern des gesamten Systems. Es setzt auf technische Innovationen, Regeln setzende Ordnungspolitik und den Wettbewerb als Entdeckungsverfahren.

7. Soziale Marktwirtschaft: Ordoliberalismus wiederentdecken und Lebensverläufe neu denken

Wenn in Deutschland ein Zug Verspätung hat, dann sind die Schuldigen schnell ausgemacht: der ehemalige Bahnchef Hartmut Mehdorn und die Bahnreform der 90er Jahre. Die Liberalisierungen des späten 20. Jahrhunderts haben heute in der öffentlichen Debatte keinen guten Ruf. Der «Neoliberalismus» wird für die Weltfinanzkrise von 2008 und für eine zunehmende soziale Ungleichheit in Deutschland verantwortlich gemacht, obwohl die Ungleichheit der Erwerbseinkommen seit 2005 in etwa konstant geblieben ist.[79]

Tatsächlich haben die Marktreformen der 80er Jahre – zunächst die «Reagonomics» in den USA und der «Thatcherismus» in Großbritannien, etwas später und moderater in Deutschland – einen Schub an Dynamik und Wohlstand bewirkt. Als er 2008 eine Vorlesung über den Thatcherismus hielt, so schreibt der britische Historiker Richard Vinen, habe er beim Anblick der vielen bunten Mobiltelefone seiner Studenten daran gedacht, wie schwierig es zu seiner eigenen Studentenzeit gewesen war, die staatliche Post zu bewegen, ihm einen Festnetzanschluss einzurichten.[80] Weit darüber hinaus reduzierte ein Prosperitätsschub in den Ländern, die sich an der Globalisierung beteiligten, in erheblichem Maße Armut und Ungleichheit, vor allem in Asien.[81]

Das Problem waren nicht die Marktreformen der 80er Jahre. Das Problem waren die ausbleibenden ordnungspolitischen Nachsteuerungen, vor allem in den USA, als sich die Finanzmärkte in den neunziger Jahren verselbständigten und nach der Jahrtausendwende von einer Politik des billigen Geldes und die wachsende Verschuldung vieler Staaten noch zusätzlich angeheizt wurden.[82] Hinter der mangelnden Nachsteuerung stand eine handfeste Ideologie: ein unbegrenztes Vertrauen in die Stabilität sich selbst regulierender Märkte, wie es Milton Friedman und die Chicago School of Economics formuliert hatten.[83] Daraus ging eine regelrechte Marktideologie hervor, die am liebsten die gesamte Gesellschaft, auch ihre nicht-marktförmigen Bereiche, nach den Prinzipien des Marktes umgestaltete. Das Ergebnis waren sozialtechnokratische Vorstellungen von ‹Bildungsökonomie› und ‹unternehmerischer Hochschule› oder die Messung von allem und jedem in Ratings und Rankings, die konservativen Vorstellungen von qualifizierendem und antiideologischem Denken sowie vom Eigenwert der Gesellschaft zuwiderliefen.

Zudem zeigte sich in der Weltfinanzkrise von 2008, dass Märkte nicht nur der Ort schneller und rationaler Entscheidungen sind, sondern auch von Irrationalität, Herdentrieb und Fehlallokationen. Die Krise erschütterte das allgemeine Vertrauen in die Funktionsweise von Märkten und freiem Handel, ja der Marktwirtschaft insgesamt.

Die Verunsicherung der politischen Ökonomie lenkt den Blick auf die Grundlagen der deutschen Ordnung: die soziale Marktwirtschaft. Sie ist eine Wirtschafts- und Gesellschaftsordnung, die individuelle bzw. wirtschaftliche Freiheit und sozialen Ausgleich verbindet, die auf Kooperation statt auf Verdrängung setzt und sich damit als ein dritter Weg zwischen ungezügeltem Kapitalismus und staatlich dirigierter Planwirtschaft versteht. Grundlage und Voraussetzung war und ist freilich stets eine leistungsfähige Wirtschaft, die auf Markt und Wettbewerb beruht.

Die Funktionsfähigkeit des Wettbewerbs zu garantieren, war daher das oberste Anliegen des deutschen Ordoliberalismus in der Tradition von Ludwig Erhard und Alfred Müller-Armack. Dem deutschen Ordoliberalismus geht es um Ordnung *für* den Markt – das ist der entscheidende Unterschied zum Marktradikalismus der Chicago School, die auf Ordnung *durch* den Markt setzte. Und ebenso zu Formen des Staatsinterventionismus, die Ordnung *gegen* den Markt suchen.

Die soziale Marktwirtschaft verbindet wirtschaftliche Freiheit und sozialen Ausgleich. Das Prinzip dafür beschreibt ein Begriff, den jeder Demoskop als nicht kommunizierbar verwirft, der aber von grundlegender Bedeutung ist: Subsidiarität. Er stammt vom lateinischen *subsidium* (Hilfe) und besagt, dass übergeordnete gesellschaftliche Einheiten (insbesondere der Staat) nur solche Aufgaben an sich ziehen dürfen, zu deren Wahrnehmung untergeordnete Einheiten (insbesondere die Einzelnen oder die Familie) nicht in der Lage sind. Anders herum: Die kleinere Einheit ist zunächst für sich selbst verantwortlich, hat aber dann, wenn sie dazu nicht in der Lage ist, Anspruch auf die Solidarität der nächsthöheren Ebene. Die Prioritäten lauten also: privat vor Staat und klein vor groß.

Was so einleuchtend klingt, ist freilich stets ein Balanceproblem, zumal vor dem Hintergrund der Entwicklung des

Sozialstaats im 20. Jahrhundert. Denn seine Generaltendenz war die einer zunehmenden Ausweitung: der Tatbestände, der Leistungen und der Anspruchsberechtigten. Er hatte im späten 19. Jahrhundert als elementare Grundsicherung gegen Existenzrisiken auf niedrigstem Niveau begonnen. Das änderte sich mit dem Ausbau der europäischen Wohlfahrtsstaaten nach dem Zweiten Weltkrieg. In der Bundesrepublik war es vor allem die Rentenreform von 1957, die auf das Prinzip der sozialen Statussicherung umstellte und damit den Paradigmenwechsel der Sozialpolitik von der Hilfe in der Not zum Recht auf Teilhabe etablierte.

Diese Teilhabe wurde seit den 70er Jahren immer umfassender definiert. Das Verständnis des Sozialstaats wandelte sich hin zu dem eines «Generalagenten der Lebenszufriedenheit» der Bürger «mit nahezu allumfassender Zuständigkeit».[84] Die Agenda 2010 versuchte sich zu Beginn des 21. Jahrhunderts an einer Modifikation dieses Leitbildes, indem sie auf verstärkte Eigenverantwortung setzte und einschneidende Strukturreformen vornahm, ohne freilich das System zu sprengen. Insgesamt verbesserten die Agenda-Reformen die Wettbewerbsfähigkeit der deutschen Volkswirtschaft, und sie hatten erheblichen Anteil am langen deutschen Aufschwung seit 2005 (auch wenn sich nicht genau bestimmen lässt, wie groß dieser Anteil wirklich war). Allerdings hat es die SPD in ihrer Breite nie vermocht, ihren Frieden mit diesen Reformen zu machen. Heute kann man sich nur noch schwer eine Bundesregierung vorstellen, die zu ähnlichen Anstrengungen bereit wäre.

Im Gegenteil. Die Hochkonjunktur über mehr als zehn Jahre hinweg hat stattdessen abermals, von der ‹Mütterrente› über Kinderbetreuung und Mietpreisbremse bis zu medizinischen Leistungen, die von den Krankenkassen übernommen werden, zu immer weiteren Ausdehnungen staatlicher Leistungen und Interventionen geführt. All das mag im Einzelnen begründbar sein – im Großen hat diese Gesamtentwicklung einen antisubsidiären Effekt, indem nämlich immer weitere Ansprüche an den Staat formuliert werden und dessen Zuständigkeit für selbstverständlich gehalten wird. Darin liegt, wie bereits angesprochen, ein zentraler Unterschied zu den dynamischen asiatischen Wachstumsgesellschaften.

Die Dominanz verteilungspolitischer Themen zeigt sich auch in der Debatte um das «bedingungslose Grundeinkommen». Diese Idee verfolgt ein ehrbares Ziel: ein würdiges, nicht stigmatisiertes Leben unabhängig vom Arbeitsplatz und vor allem dann, wenn dieser unverschuldet durch den Strukturwandel verloren geht und die Betroffenen abgehängt zu werden drohen. Auch gibt es ganz unterschiedliche Modelle eines bedingungslosen Grundeinkommens, die von der Addition bereits existierender Sozialleistungen bis zu einem echten Gehaltsersatz reichen. Die zugrunde liegende These von einem Ende der klassischen Arbeitsgesellschaft ist allerdings nicht neu; sie hat sich freilich bislang nicht bewahrheitet, und sie ist auch für das Zeitalter der Digitalisierung zumindest nicht evident.

Statt den Sozialstaat immer weiter auszubauen, ist es sinnvoller, seine Grundlagen zu sichern und Arbeit neu zu denken[85] – aus Gründen nachhaltiger Funktionalität wie auch aus Gründen der Generationengerechtigkeit. Denn angesichts der demographischen Entwicklung, der zufolge immer mehr älteren immer weniger jüngere Menschen gegenüberstehen, müssen künftige Leistungen von immer weniger Steuer- und Beitragszahlern finanziert werden. Das gilt zumal, wenn ab 2030 die geburtenstärksten Jahrgänge in den Ruhestand gehen. Was also tun?

- Die nachhaltige Sicherung des Sozialstaats und der sozialen Marktwirtschaft setzt solide Staatsfinanzen voraus. Die Bundesrepublik hat es in den Jahren der Hochkonjunktur geschafft, Überschüsse zu erwirtschaften und die durch die

Wiedervereinigung und nach 2008 bedrohlich angewachsene Staatsverschuldung zu reduzieren; inzwischen hat sie sich wieder dem Wert von 60 Prozent des BIP angenähert, der als Ausweis solider Staatsfinanzen angesehen wird.[86] Dies ist freilich weder ein Selbstläufer noch ein automatischer Dauerzustand – insbesondere nicht im Falle einer rückläufigen Konjunkturentwicklung und entsprechend rückläufiger Staatseinnahmen oder im Falle eines Zinsanstiegs. Da sich beides andeutet, bleibt Haushaltskonsolidierung weiterhin das Gebot einer liberal-konservativen Finanzpolitik. Das schließt nicht aus, dass in bestimmten Situationen eine expansivere Haushaltspolitik volkswirtschaftlich sinnvoll sein mag. Auch hier ist konservative Politik nicht dogmatisch. Aber sie folgt der grundlegenden Orientierung solider Finanzen, und begründungspflichtig ist die Abweichung.

Dies gilt auch für den Sozialstaat. Analog zur «Schuldenbremse» ist eine «Sozialstaatsbremse» vorgeschlagen worden, um die Sozialleistungsquote (das Verhältnis der Sozialleistungen zum BIP) auf dem erreichten Niveau von 30 Prozent zu stabilisieren.[87] Ein solches Instrument hätte den Vorteil, dass es zielgenauere Allokationen von Staatsleistungen möglich macht. Denn jede zusätzliche Maßnahme müsste andernorts eingespart werden, wenn sie nicht durch höheres BIP und höhere Produktivität erwirtschaftet wird, statt die Dynamik eines immer weiteren Ausbaus voranzutreiben.

– Staatliche Ordnungspolitik in der Tradition des Ordoliberalismus konzentriert sich auf Regeln und auf Investitionen, um Bedingungen für Innovationen zu schaffen. Nun ist aber seit einiger Zeit zu beobachten, dass die Innovationskraft in Deutschland nachlässt. Die Quote angemeldeter Patente in Deutschland fällt international zurück,[88] und die Probleme der Bahn resultieren in erster Linie nicht aus der Bahnreform der 90er, sondern aus einem Investitionsstau.

Deutschland braucht eine zukunftsorientierte Investitionsoffensive für Infrastruktur, europäische Kooperationen, Bildung und Grundlagenforschung sowie für die Sicherheitspolitik. Zudem hat der Sachverständigenrat zur Begutachtung der gesamtwirtschaftlichen Entwicklung eine Deregulierungskommission vorgeschlagen, die Innovationsblockaden identifizieren soll. Dies gilt besonders für die bereits thematisierte Digitalisierung, die ein geradezu idealtypischer Fall für den Ordoliberalismus ist. Denn zum einen bedarf sie, um ihre Chancen zu nutzen, einer staatlich zu gewährleistenden Infrastruktur. Zum anderen sind Regeln für neue Märkte und neue Technologien erforderlich – und zwar mit Augenmaß, um weder in Innovationsblockaden noch in Liberalisierungseuphorie zu verfallen. Staatliche Industriepolitik wiederum, die auch immer wieder ins Gespräch kommt, birgt die «große Gefahr […], dass etablierte Strukturen weitgehend vor Wettbewerb geschützt werden und insbesondere disruptive Innovationen unterdrückt werden».[89]

– Die Sicherung des Sozialstaats setzt weiterhin voraus, die Leistungsträger der Gesellschaft, die Steuern und Beiträge erbringen, in ihrer Leistungsfähigkeit zu erhalten und nicht unabsehbar wachsenden Belastungen auszusetzen. Obwohl die Steuereinnahmen prozentual deutlich stärker gestiegen sind als die Löhne und Gehälter, sind die Steuern in den vergangenen Jahren nicht gesenkt worden. Soweit dies mit der Konsolidierung des Staatshaushalts begründet wird, lässt es sich als nachhaltige Maßnahme verstehen. Die immer wieder geführte Rede, es gebe keine Spielräume für «Steuergeschenke», verweist hingegen auf die staatsinterventionistische Schieflage der politischen Kultur in Deutschland. Denn es geht bei Steuersenkungen nicht um Geschenke an Dritte, sondern um die Reduzierung der Beträge, die der Staat den Steuerzahlern nimmt. Konkret gilt dies für den Solidaritätszuschlag, dessen Abschaffung ein Gebot der steuerstaatlichen Glaubwürdigkeit ist, da er als temporäre Steuer für einen Sonderzweck begründet wurde.

Darüber hinaus steht der Steuerstaat vor dem schwer vermittelbaren Umstand, dass der Staat Erträge aus Kapital pauschal mit 25 Prozent und damit deutlich niedriger besteuert als Einkommen aus Arbeit, für die ab ca. 4300 Euro pro Monat (bei 13 Monatsgehältern) der Spitzensteuersatz von 42 Prozent fällig wird. Hier besteht ein schon lange angemahnter grundlegender Reformbedarf im Sinne elementarer Gerechtigkeit. Paul Kirchhof hat daher 2011 ein Steuermodell vorgelegt, das sämtliche Einkommen oberhalb von 20000 Euro (zuzüglich eines Freibetrags von 8000 Euro pro Kind) einheitlich mit 25 Prozent besteuert und dafür sämtliche Absetzungsmöglichkeiten zur Steuerminderung abschafft.[90] Ob es dieses Modell ist oder ein anderes[91] – auch hier geht es um eine grundsätzliche Orientierung. Jedenfalls läge eine Konsequenz in der Vereinfachung der Zahlung von Steuern, die als staatsbürgerliche Pflicht erkennbar würde statt dass ein undurchschaubarer Dschungel unverständlicher Vorschriften vor allem Anreize zur Steuerminderung setzt; die Abschaffung der Benachteiligung von Arbeitseinkommen gegenüber Kapitalerträgen wäre eine andere.

Ohnehin liegt ein größeres Ungleichheitsproblem als bei den Einkommen im Bereich der Vermögen.[92] Seit den siebziger Jahren sind die Renditen auf Vermögen stärker gestiegen als die Einkommen, und diese Effekte werden durch Heirat und Vererbung sowie die Differenz von Kapitalertrags- und Einkommensteuer immer weiter verstärkt; zudem begünstigt die Niedrigzinspolitik der EZB den Wert von Aktien und Immobilienbesitz, während die Zinseinkünfte für Sparer entfallen. Wenn aber eine zunehmende Ungleichheit der Vermögen die Bedeutung der Einkommen übersteigt und durch solche sozialen Verfestigungen zugleich Aufstiegschancen verloren gehen, sammelt sich in einer Gesellschaft Konfliktpotential an. Hier steht das Prinzip des Eigentums dem Prinzip der Chancengerechtigkeit sowie der pragmatischen Einsicht in die Gefährdung des sozialen Friedens gegenüber. Vor diesem Hintergrund liegt eine Aufgabe für einen modernen Konservatismus darin, das Problem der kumulativen Vermögensungleichheit zu adressieren, ohne in sozialistische Egalisierung zu verfallen.

- Nachhaltiger und subsidiarischer als zunehmende Umverteilung wirkt staatliche Unterstützung für «Vermögensbildung in Arbeitnehmerhand», wie es zu Ludwig Erhards Zeiten hieß. Dazu zählt, angesichts der demographischen Entwicklung, der Aufbau privater Altersvorsorge, insbesondere für niedrigere und mittlere Einkommen. Und dazu zählt die Unterstützung von privatem Erwerb selbstgenutzter Immobilien, wobei es Dysfunktionalitäten der Art zu vermeiden gilt, dass die eingesetzten Mittel (wie das Baukindergeld) über höhere Preise (oder Gebühren) gleich wieder abgeschöpft werden.
- Die wirkungsvollste Sozialpolitik bleibt eine Politik, die eine möglichst niedrige Arbeitslosigkeit befördert. Es ist kein Zufall, dass die Einkommensungleichheit in Deutschland zu der Zeit deutlich anstieg, in der die Arbeitslosigkeit bis 2005 neue Rekordhöhen erreichte, seitdem aber nicht mehr signifikant zugenommen hat. Voraussetzungen für

Beschäftigung zu schaffen hat daher aus gutem Grund Priorität.

Zugleich ist es ein Balanceproblem zwischen unterschiedlichen gesellschaftlichen Logiken, das nicht durch die alleinige Dominanz des Arbeitsmarktes zu lösen ist. Statt zum Beispiel Kinderbetreuungsmöglichkeiten allein mit dem Ziel auszubauen, weibliche Erwerbstätigkeit zu steigern,[93] geht es einer konservativen Politik darum, die Bedürfnisse von Familien und die Arbeitswelt in Einklang zu bringen, wie im Kapitel über Familienpolitik gezeigt wird.

- Zu einer zukunftsorientierten Sozialpolitik gehört eine Bildungspolitik der echten Chancen, wie sie im dritten Kapitel vorgestellt worden ist. Sie verbindet individuelle Chancengerechtigkeit mit gesellschaftlicher Funktionalität, indem sie das für die Volkswirtschaft nötige Ausbildungsniveau bereitstellt.
- Schließlich gilt die Agenda eines modernen Konservatismus, den Wandel zum Wohle der Menschen zu gestalten, geradezu paradigmatisch für den demographischen Wandel, vor dem so viel Angst im Umlauf ist. Es geht darum, Alter, Lebensverläufe und Arbeitsbiographien neu zu denken, um Möglichkeiten zu nutzen und die negativen Effekte des demographischen Wandels zumindest teilweise zu kompensieren.[94]

Demographischer Wandel bedeutet, dass die Menschen aufgrund der steigenden Lebenserwartung immer älter werden. Damit steigt das Durchschnittsalter der Gesellschaft, zumal aufgrund niedriger Geburtenraten immer weniger Jüngere nachkommen; mit einer Nettoreproduktionsrate von 0,7 halbiert sich die Zahl der Neugeborenen innerhalb von zwei Generationen.

Diese Entwicklung hat mehrere weitreichende Folgen. Das sogenannte dritte Lebensalter wird immer länger. Wer heute in den Ruhestand tritt, hat noch 15 bis 20 gute Jahre zu erwarten (im Einzelfall natürlich weniger oder mehr). Statt einer inaktiven Ruhephase nach einem erschöpfenden Arbeitsleben eröffnen sich in einem historisch ganz neuen Ausmaß aktive Gestaltungsmöglichkeiten. Menschen sind im Alter zwar in aller Regel weniger innovativ; dafür verfügen sie aber über ein besonderes Maß an Erfahrung. Diese Ressourcen des dritten Lebensalters schaffen neue Potentiale, die es individuell und gesamtgesellschaftlich viel kreativer als bislang zu nutzen gilt.

Dazu gehört eine Flexibilisierung von Altersgrenzen, aber auch eine weitere Verlängerung der Lebensarbeitszeit. Denn es ist ja weder logisch noch gerecht, die steigende Lebenserwartung allein dem umlagefinanzierten Ruhestand zuzuschlagen und damit die Belastungen der erwerbstätigen Beitragszahler immer weiter ansteigen zu lassen. Es versteht sich von selbst (und ist Teil von Flexibilisierung), dabei differenziert vorzugehen. Im Falle des sprichwörtlichen Dachdeckers, der tatsächlich körperlich erschöpft ist, liegen die Dinge anders als im Falle des Universitätsprofessors, der unbedingt weiter forschen will. Wer nicht mehr erwerbstätig sein kann, muss hinreichend abgesichert sein. Aber wer sagt, dass nicht auch der Dachdecker nach Erreichen der bisherigen Altersgrenze noch erwerbstätig sein möchte? Warum kann er dann nicht Fahrdienste oder logistische Aufgaben übernehmen? Und warum kann eine Lehrerin, die Lärm und Stress im Klassenzimmer nicht mehr erträgt, nicht verstärkt Verwaltungs- oder Beratungsaufgaben übernehmen? Kreativer Umgang mit dem Alter bedeutet, Chancen und Bedingungen für diejenigen zu schaffen, die noch erwerbstätig sein wollen; flexible Lösungen beginnen bei Zeitmodellen für Lebens- bis Wochenarbeitszeiten und setzen der Kreativität keine Grenzen. Konrad Adenauer wurde schon 1949 noch im Alter von 73 Jahren Bundeskanzler.

Neben wachsenden Möglichkeiten bringt das Alter freilich

auch zunehmende Herausforderungen und Risiken mit sich, insbesondere in Form von Einsamkeit, zumal zunehmend viele Menschen kinderlos bleiben und dementsprechend auch keine Enkel haben. Alter neu zu denken bedeutet in diesem Zusammenhang, neue Solidargemeinschaften und intergenerationelle Projekte zu unterstützen, von Mehrgenerationenhäusern bis zu Großeltern, die in Schulen helfen – warum essen Alte und Schüler nicht ohnehin zusammen in der Schulmensa? Stadtplanung ist gefordert, nicht nur sozial, sondern auch generationenübergreifend durchmischtes Wohnen zu fördern; und wie Dorfgemeinschaften den Bürgersinn wiederentdecken können, haben wir bereits gesehen. Alles in allem ist es ein gesamtgesellschaftliches Großprojekt, Altern als Lebenskunst zu erlernen.[95]

Diese Herausforderung geht über das Alter hinaus. Vielmehr geht es generell darum, Lebensverläufe und Arbeitsbiographien zu flexibilisieren, um sie zum Wohle der Menschen und ihrer Bedürfnisse zu gestalten, und das nicht nur unter dem Diktat des Arbeitsmarktes. Warum sollen die Familiengründung und die entscheidende Phase der beruflichen Laufbahn immer nur zeitgleich unter großem Stress und nicht versetzt möglich sein? Eine längere Lebenserwartung, die Digitalisierung und die Veränderungen der Arbeitswelt schaffen neue Möglichkeiten, zwischen Familien- und Erwerbsarbeit zu wechseln, Sabbaticals einzulegen, Zeiten und Orte flexibler zu gestalten. Hier liegen Herausforderungen für die Kreativität und Phantasie einer modernen Gesellschaft. Und hier eröffnen sich Perspektiven einer modernen konservativen Gesellschafts- und Familienpolitik.

8. Männer und Frauen: family mainstreaming statt Ständegesellschaft

Dass Männer und Frauen verschieden sind, hat man immer gewusst. Dass diese Unterschiede nicht nur biologisch, sondern auch kulturell, dass sie nicht nur naturgegeben, sondern auch gesellschaftlich bedingt sind, ist hingegen eine jüngere Einsicht.

In der vormodernen ländlich-agrarischen Gesellschaft arbeiteten Männer und Frauen gemeinsam auf dem Hof. Im 19. Jahrhundert trennte die bürgerliche Gesellschaft die vormals zusammengehörenden Sphären: Arbeiten und Wohnen, das Öffentliche und das Private, die Rollen von Mann und Frau. Der Mann war für die Erwerbsarbeit zuständig, die Frau für Haus und Kinder. Für Wilhelm von Humboldt galt es als Privileg der Frauen, nicht erwerbstätig sein zu müssen und sich dem Zwang der modernen Industrie- und Erwerbsgesellschaft entziehen zu können. Das bürgerliche Rollenmodell war lange auch für die Arbeiterfamilien Vorbild. Wenn ‹Mutti nicht mehr arbeiten gehen musste›, dann hatte es auch die Arbeiterfamilie gesellschaftlich geschafft.

Die bürgerliche Rollenverteilung wurde aber von ihren eigenen Prinzipien eingeholt. Denn der Kern der bürgerlichen Gesellschaft besteht darin, dass nicht Geburt und Stand über den gesellschaftlichen Status des Einzelnen bestimmen, sondern selbst erworbene Bildung und Beruf. Dies galt zunächst freilich nur für Männer, und daher lag eine Logik darin, dass auch Frauen dieses bürgerliche Prinzip für sich in Anspruch nahmen. Der kräftigste Motor weiblicher Emanzipation waren die Bildungsreformen der 60er und 70er Jahre des 20. Jahrhunderts und die in der Folge stark erweiterte weibliche Berufstätigkeit.

Zugleich sind signifikante Ungleichheiten zwischen den Geschlechtern geblieben. Frauen erbringen nach wie vor einen höheren Anteil der Arbeit in Haushalt und Familie, und sie sind in höherem Maße als Männer in Teilzeit beschäftigt. Die Politik des *gender mainstreaming* versucht seit fast zwei Jahrzehnten, geschlechterspezifische Benachteiligungen zu beseitigen und eine Gleichstellung der Geschlechter herbeizuführen. Dennoch ist der Frauenanteil im 2017 gewählten Deutschen Bundestag von 36,5 auf 30,7 Prozent zurückgegangen. Und nach wie vor wird kein deutsches DAX-30-Unternehmen von einer Vorstandsvorsitzenden geleitet.

Sind also mehr Quoten nötig? Aus liberalkonservativer Perspektive hängt die Antwort von den Gründen ab. Strukturelle Gründe geschlechtsspezifischer Ungleichheit, indem zum Beispiel Spielregeln einer männlich dominierten Arbeitswelt Frauen benachteiligen, sind regulierungsbedürftig. Aber ist das der Fall, wenn ein Mann und eine Frau in außertariflichen Gehaltsverhandlungen um Chefarztpositionen unterschiedliche Gehälter erzielen, wie es auch zwischen zwei Männern vorkommt? Oder handelt es sich dabei um Ungleichheiten als Ergebnis freier Entscheidungen, die Teil einer offenen Gesellschaft sind?

Das Beispiel will sagen: Die Dinge sind weniger eindeutig, als es ein Narrativ der Benachteiligung von Frauen durch das Patriarchat der ‹weißen alten Männer› suggeriert, das sich in der öffentlichen Debatte verselbständigt hat.[96] So war zum Beispiel immer wieder geargwöhnt worden, die Männer in der CDU würden nach Angela Merkel keine weitere Frau an der Spitze der Partei dulden. In der Auseinandersetzung um ihre Nachfolge Ende 2018 wurde das Geschlecht freilich ausschließlich von Vertreterinnen der Frauen-Union zum Argument gemacht, die aus Prinzip eine Frau unterstützten.

Eine liberal-konservative Geschlechterpolitik sucht demgegenüber nach Maß und Mitte zwischen feministischer Unbedingtheit und paternalistischer Ignoranz. Eine Politik mit Augenmaß ist offen dafür, geschlechterspezifische Benachteiligungen zu identifizieren – sie sind häufiger, als man(n) auf den ersten Blick meinen mag, und sie sind oft niedrigschwellig, nicht zuletzt auf der Ebene von Stereotypen, unbewussten Vorurteilen und Rollenmustern. Änderungen der Spielregeln (wie zum Beispiel vor Jahrzehnten die Einführung des Vorspiels hinter einem Vorhang bei Besetzungen von Orchesterstellen)[97] können ebenso dazu beitragen, strukturelle geschlechterspezifische Ungleichheiten zu beseitigen, wie Möglichkeiten der Kinderbetreuung und Mechanismen zum Ausgleich von Karrierenachteilen für die Eltern, die eine kinderbedingte Auszeit nehmen. Insgesamt bedeutet Geschlechtergerechtigkeit, einen fairen Wettbewerb und «echte Chancen» (Amartya Sen) im Berufsleben zu sichern – konservativer Ordoliberalismus auf dem Feld der Geschlechterpolitik.

Im Gegensatz dazu zielt der Begriff der «Gleichstellung» auf die Herstellung gleicher Ergebnisse, und das ist weder liberal noch konservativ. Die Umgestaltung der Gesellschaft nach bestimmten Quoten, in diesem Fall der Gleichstellung der Geschlechter, führt vielmehr zum Prinzip der vormodernen ständischen Gesellschaft, in der bestimmte Gruppen repräsentiert werden. Zudem stellt sich die Frage, welche Gruppen diesen Anspruch geltend machen können. Die Frauenquote für Aufsichtsräte börsennotierter Unternehmen bedeutet, dass eine kinderlose Unternehmertochter aus München-Bogenhausen den Vorzug vor einem vierfachen Familienvater mit Migrationshintergrund aus Berlin-Neukölln erhielte. Der frühere Telekom-Personalvorstand Thomas Sattelberger, selbst ein Beförderer von *gender mainstreaming*, spricht von einer Hierarchie der Diversity-Themen: an erster Stelle die Frauen, zuletzt die Behinderten.[98]

Das aber ist unfair. Es widerspricht dem Kriterium der Individualgerechtigkeit, und es widerspricht den Prinzipien der liberalen Wettbewerbsgesellschaft, wenn Professuren eigens für Frauen ausgeschrieben werden (und vollends grotesk wird es, wenn aus Gründen der Gleichberechtigung auch Bewerbungen von Männern berücksichtigt werden müssen, die aus Gründen der Gleichstellung aber nicht zum Zuge kommen dürfen). Gleichberechtigung auf der Grundlage fairer Bedingungen und gleicher Voraussetzungen bedeutet vielmehr (wie in der Bildungspolitik), ungleiche Ergebnisse aufgrund individueller Entscheidungen und Leistungen zu akzeptieren.

Dies gilt auch für bewussten Karriereverzicht und für Arbeit in Teilzeit – und solche Entscheidungen nicht als falsches Bewusstsein zu diskreditieren, sondern echte Wahlfreiheit zu gewährleisten, ist das Anliegen einer modernen konservativen Familien- und Generationenpolitik, die der Frauen- und Geschlechterpolitik gleichrangig und nicht nachgeordnet ist.

Die Familienpolitik im 21. Jahrhundert hat sich darauf konzentriert, weibliche Erwerbstätigkeit durch außerfamiliäre Kinderbetreuung zu ermöglichen (und den Begriff der «Familienfreundlichkeit» auf entsprechende Maßnahmen reduziert). Dies hat die Möglichkeit von Müttern substantiell verbessert, auch mit kleinen Kindern im gewünschten Umfang erwerbstätig zu sein. Andere Bedürfnisse und Formen von Familien hat eine Koalition aus Frauenpolitik und Arbeitgeberinteressen demgegenüber untergeordnet. Die Auseinandersetzung um das Betreuungsgeld nahm sogar Züge eines Kulturkampfs an, wenn die Unterstützung für Familien, die ihre Kleinkinder selbst betreuen, als «bildungspolitische Katastrophe»[99] bezeichnet wurde.

Solche Äußerungen zielten darauf, die Kinder zu erreichen, die von früher außerfamiliärer Betreuung profitieren. Über diesem berechtigten Anliegen nicht diejenigen Familien zu diskreditieren und in ihrer Freiheit einzuschränken, die ihre Kinder gut und gerne selbst erziehen, ist eine Gratwanderung. Sie erfordert zielgenaue Maßnahmen, statt ein Modell zur allgemeinen Vorgabe zu machen – dies gilt in alle Richtungen.

Ein Blick auf die Realitäten zeigt, dass in Familien unterschiedliche Logiken und Bedürfnisse wirken: Eltern wollen arbeiten, Kinder wollen ihre Eltern, und Eltern wollen oft mehr Zeit für ihre Kinder, als Vollerwerbstätigkeit es zulässt.[100] Statt Frauen, vor allem Mütter, von Arbeit in Teilzeit abzubringen und ihnen bestimmte Lebensformen aufzudrängen, geht eine liberal-konservative Politik von den individuellen Bedürfnissen und den Familien aus. Mit ihrer besonderen Wertschätzung für die intermediären Welten jenseits von Markt, Staat und Individuum kehrt sie die Perspektive um: Statt die Familien der Arbeitswelt anzupassen, geht es darum, Arbeits- und Lebenswelten familiengerecht zu gestalten, Lebensverläufe und Karrieren entsprechend zu flexibilisieren.

Das Pendant zu *gender mainstreaming*, der systematischen Beseitigung von geschlechterbedingten Benachteiligungen, ist *family mainstreaming*: die «Beseitigung direkter und indirekter Diskriminierungen von Familien» und die systematische Berücksichtigung «der Auswirkungen allgemeiner politischer, rechtlicher und wirtschaftlicher Entscheidungen auf Familien».[101] Denn in den letzten Jahrzehnten hat sich eine neue Dimension sozialer Ungleichheit aufgetan, die der Ungleichheit der Geschlechter nicht nachsteht: Der Geburtenrückgang seit den 60er Jahren hat zu einer Spaltung der Gesellschaft in Erwachsene mit Kindern und kinderlose Erwachsene geführt. Wer Kinder hat, weiß nur zu gut, wie Kinder das gesamte Leben verändern und wie die Lebensverläufe im Vergleich zu Kinderlosen auseinandergehen. Tiefseetauchen und Workoutpartys sind mit Kindern kaum vereinbar. Den Bereicherungen, die Kinder in das Leben bringen, stehen vielfältige Belastungen gegenüber: Eltern haben weniger Zeit, und die Kosten für Kinder übersteigen die staatlichen Leistungen bei Weitem. Familien werden durch die umlagefinanzierten Sozialversicherungen benachteiligt, und familiäre Verpflichtungen gehen zu Lasten beruflicher Mobilität und Aufstiegsmöglichkeiten sowie der Altersversorgung, wenn nicht in Vollzeit gearbeitet wird.

Diese Benachteiligungen auszugleichen ist deshalb gerechtfertigt, weil Familie in ihren unterschiedlichen Formen die Institution der Zivilgesellschaft schlechthin ist, die durch Reproduktion und gegenseitige Verantwortung füreinander in besonderem Maße dem Gemeinwohl dient.[102] Es ist liberal und konservativ, weil es allen frei gewählten Familienformen freie Entfaltung ermöglicht und weil es die Realitäten der Familien berücksichtigt, statt sie zugunsten eines bestimmten Modells der Rollenverteilung umzuerziehen.

Family mainstreaming bedeutet nach Lage der Dinge nicht mehr und nicht weniger als einen echten Kulturwandel. Was heißt das konkret? Familienparkplätze gibt es inzwischen an vielen Supermärkten. Aber warum hat der Chefarzt einen reservierten Parkplatz an der Uniklinik, nicht auch die Assistenzärztin oder der Krankenpfleger, die vor Schichtbeginn noch ihre Kinder zum Kindergarten bringen müssen? Der familienfreundlichen Phantasie sind kaum Grenzen gesetzt. Familiengerechtigkeit ist eine Frage von Fahrpreisen im öffentlichen Nahverkehr oder von Eintrittspreisen – in Großbritannien zahlt eine Familie in der Regel nicht mehr als zwei Erwachsene ohne Kinder. Und in Frankreich setzte die Familien- und Steuerpolitik lange Zeit explizite Anreize zugunsten des dritten Kindes. Vor allem aber ist der vom Bundesverfassungsgericht vor Jahren betonte Verfassungsauftrag zu erfüllen, die Benachteiligungen von Familien in den umlagefinanzierten Sozialversicherungssystemen endlich auszugleichen.

Und es ist natürlich eine Aufgabe der Wirtschaft und der Unternehmen, nicht nur staatliche Infrastruktur zu erwarten, um Arbeitskräfte zu rekrutieren, sondern selbst an dieser gesellschaftlichen Verantwortung teilzuhaben: durch familienfreundliche Arbeitsbedingungen wie flexible Arbeitszeiten oder elternnahe Betreuungsmöglichkeiten; statt eine kommunale 24-Stunden-Kita zu fordern, kann ein großer Schichtbetrieb dafür sorgen, dass Eltern flexibel arbeiten und ihren Kindern in der betriebseigenen Kita begegnen können. Ganz besonders geht es um familiengerechte Berufswege. Warum hat eine mehrfache Mutter nach einer Familienphase nicht die selbstverständliche Möglichkeit, in einem Unternehmen einen solchen beruflichen Aufstieg zu absolvieren wie Nancy Pelosi im amerikanischen Senat oder Barbara Stamm in der bayerischen Politik? Beide Beispiele zeigen, dass Familiengründung und Karriere nicht in ein und derselben Zeit erzwungen werden müssen – und das gilt erst recht für die jungen Familien von heute, für Männer ebenso wie für Frauen, da eine steigende Lebenserwartung und die allgemeine Veränderung von Lebensverläufen und Arbeitswelt immer größere Spielräume für die Flexibilisierung von Berufsbiographien eröffnen. Dazu gehört auch, Zeiten der Familienarbeit nicht als Bildungs- oder Karrieredefizit zu diskriminieren, sondern als Ausdruck der Selbstbestimmung und sozialer Verantwortung wertzuschätzen. Und das gilt auch auf der Ebene der Gehälter.

Family mainstreaming bedeutet, Kinder und Familien als Wert und Ziel an sich zu begreifen, nicht als abgeleitete Größe von Erwerbstätigkeit. Dabei geht es in erster Linie um einen Perspektivwechsel hin zum Vorrang für Familiengerechtigkeit; politische Maßnahmen sind dann der zweite Schritt. Der Kulturwandel eines *family mainstreaming* eröffnet reale Chancen sozial gerechter und gemeinwohlorientierter Vielfalt. Und obendrein ist diese Willkommenskultur die allerwichtigste Voraussetzung dafür, dass Menschen sich dazu entscheiden, Kinder zu haben.

9. Asyl und Migration: Klare Regeln und verlässliche Umsetzung

Seit dem Herbst 2015 ist Migration zu einer Zeitbombe der deutschen Politik geworden. Dabei ist Migration nichts Neues. Solange der Mensch gehen kann, wandert er – vom *homo sapiens* aus Afrika im Jungpleistozän über die europäische Auswanderung nach Amerika im 19. Jahrhundert und die ethnischen Vertreibungen im 20. Jahrhundert bis zu den asiatischen Arbeitern auf den Baustellen für die Fußball-WM 2022 in Qatar. Allein diese wenigen Beispiele zeigen: Migration ist nicht gleich Migration. Sie hat klassischerweise vor allem zwei Gründe: die Suche nach Nahrung und Arbeit und die Flucht vor physischer Bedrohung bzw. gewaltsame Vertreibung. Hinzu kommen neuere Wohlstandsphänomene wie der Umzug nach Teneriffa im Alter. Das bedeutet zugleich: Der Begriff «Migrationshintergrund» ist irreführend pauschal – die Situation der Tochter eines kanadischen Klimaforschers und einer deutschen Oberstudienrätin, die in Zürich Ökonomie studiert, ist eine ganz andere als die eines syrischen Bürgerkriegsflüchtlings in Köln ohne Deutschkenntnisse. Migration ist komplex und weder die Mutter aller Probleme (Horst Seehofer) noch umstandslose Quelle des Wohlstands, wie der UN-Migrationspakt suggeriert. Sie ist historisch vielmehr durchgängig mit erheblichen Schwierigkeiten verbunden,[103] und sie bedarf einer differenzierten und realistischen Behandlung anstelle verkürzter Ideologien oder Ressentiments.

Europa wurde erst im 20. Jahrhundert von einem Auswanderungs- zu einem Einwanderungskontinent. Und nach 1945 wurde die Bundesrepublik zum größten Einwanderungsland in Europa. In drei Wellen kamen zuerst die deutschen Kriegsflüchtlinge und die Vertriebenen aus den ehemaligen deutschen Ostgebieten und aus Ost- und Südosteuropa sowie die Übersiedler aus der DDR. Ihnen folgten die als «Gastarbeiter» angeworbenen Arbeitsmigranten und, nach dem sogenannten Anwerbestopp von 1973, ihre Familien. Ende der 80er Jahre kamen in einer dritten Welle Bürgerkriegsflüchtlinge aus Südostasien sowie vor allem in den 90er Jahren vom Balkan hinzu. Die Folge war die Entstehung einer rechtsradikalen bzw. rechtsextremen Partei, der Republikaner, die wieder verschwanden, nachdem die Unionsparteien das Thema aufgenommen und den sogenannten «Asylkompromiss» von 1993 durchgesetzt hatten.[104]

Mit dem Grundsatz, dass keine Asylbewerber aus sicheren Drittstaaten nach Deutschland einreisen durften, fuhr die Bundesrepublik sehr kommod, bis der Migrationsdruck nach Europa 2015 das System von Schengen und Dublin zum Bersten brachte, demzufolge Asylbewerber in dem Land Asyl beantragen müssen, in dem sie die EU zuerst betreten. Die humanitäre Geste des 4. September 2015, die in Budapest angelangten Migranten nach Österreich und Deutschland einreisen zu lassen, verstetigte sich unter der Führung Angela Merkels zu einer monatelangen unkontrollierten Masseneinwanderung durch die Staaten der EU hindurch nach Norden. Sie wurde im März 2016 durch die Schließung der sogenannten Balkanroute seitens der Anrainerstaaten sowie durch das Abkommen der EU mit der Türkei beendet, ohne dass die zugrunde liegenden Probleme gelöst wären.

In der Migrationskrise überlagerten sich nationales deutsches Asylrecht, das europäische Recht von Schengen und Dublin sowie humanitäres Völkerrecht wie die Genfer Flüchtlingskonvention und die Rechtsprechung des Europäischen Gerichtshofs für Menschenrechte zu einer so verworrenen Rechtslage, dass niemand mehr durchblickt.[105] Hier liegt eines der zentralen Probleme, das obendrein die Glaubwürdigkeit und die Handlungsfähigkeit des Rechtsstaates beschädigt. Statt aber an dieser grundlegenden Frage anzusetzen, werden in der Öffentlichkeit Nebenkriegsschauplätze bespielt, wenn etwa die Abschiebung straffälliger oder gar nur sich unbotmäßig verhaltender Asylbewerber gefordert wird. Abgesehen davon, dass Abschiebung nicht die angemessene Antwort auf Kriminalität ist, geht dies auch an der entscheidenden Frage vorbei: dem Aufenthaltsrecht und seinem Vollzug, dem überkomplexe Verfahren und auch ein verbreiteter humanitärer Wille entgegenstehen, Abschiebungen zu verhindern und ein Bleiberecht zu erzwingen.

Von zentraler Bedeutung sind daher klare Regeln und ihre verlässliche Umsetzung, und zwar sowohl für die betroffenen Migranten als auch für die Bevölkerung der Aufnahmegesellschaft. Pragmatische Lösungen, zu denen Konservative neigen, sind dadurch nicht ausgeschlossen; bevor man aber über «Spurwechsel» vom Asylrecht in das Einwanderungsrecht nachdenkt, gilt es zunächst, die Spuren überhaupt voneinander zu unterscheiden und Ordnung in das migrationspolitische Durcheinander zu bringen.

Dazu bedarf es eines Realismus, an dem es in der öffentlichen Debatte vielfach fehlt, wenn zum Beispiel pauschal die Rede davon ist, man müsse ‹Fluchtursachen bekämpfen›. Das ist zwar richtig, lässt aber allzu oft außer Acht, dass Massenmigration aus Afrika eher eine Folge nachlassender denn zunehmender Armut ist – und dies bedeutet, dass bloße Transferleistungen nach Afrika Migration eher verstärken als verringern dürften.[106] Dass allein Nigeria aktuell fast 1,5-mal so viele Geburten pro Jahr verzeichnet wie die gesamte EU, wirft im Übrigen ein Schlaglicht auf die Potenziale und die Dimensionen des Problems.

Tatsächlich ist ein *compact with Africa* unabdingbar, der vor allem das zentrale Problem afrikanischer Ökonomien adressiert: ihre geringe Produktivität. Es geht um die Ansiedlung moderner Unternehmen und Investitionen in eine bessere Infrastruktur (was China im Übrigen aktiv tut). Abgesehen davon, dass die Europäische Union dringend ihren eigenen Agrarprotektionismus überdenken müsste, um faire Handelsbedingungen für afrikanische Agrarexporte herzustellen (wozu wiederum Frankreich kaum bereit ist), kann Europa die afrikanischen Ökonomien dabei unterstützen, tragfähige Grundlagen für die Mehrung ihres eigenen Wohlstands zu legen. Verantwortlich bleiben diese letztlich freilich selbst; alles andere wäre neokoloniale Bevormundung. Jedenfalls sind, so der britische Ökonom und Migrationsforscher Paul Collier, weder die Predigerattitüde des Westens noch ein perpetuiertes afrikanisches Opfernarrativ eine konstruktive und zeitgemäße Antwort auf die Herausforderungen des 21. Jahrhunderts.[107]

Neben einem solchen *compact with Africa* muss Europa seine Außengrenzen sichern. Dies wird vielfach als «Abschottung» der «Festung Europa» diskreditiert. Tatsächlich handelt es sich um nichts anderes als die ebenso legitime wie notwendige Kontrolle über das eigene Territorium (die übrigens auch das Asylrecht erst ermöglicht). Die Forderung nach freier Migration hingegen, wie sie *no borders, no nations*-Aktivisten erheben, läuft auf eine globale Anarchie hinaus – mit desaströsen Folgen für alle Seiten. Mit den Worten des niederländischen Soziologen Paul Scheffer: «Eine offene Gesellschaft braucht Grenzen, um offen bleiben zu können».[108] Die Aussage, der

Staat könne seine Grenzen nicht schützen, bedeutet nicht weniger als die Selbstaufgabe westlicher Gesellschaften.

Vor diesem Hintergrund ist zuallererst eine Unterscheidung erforderlich, die selbstverständlich sein sollte, es aber nicht ist: die Unterscheidung zwischen Asyl und anderweitiger, vor allem sozialökonomisch motivierter Zuwanderung. Denn so sehr sich beide Migrationsformen historisch überschneiden, so sehr liegen ihrer politischen Behandlung grundsätzlich verschiedene Logiken zugrunde, die zu unterschiedlichen politischen Konsequenzen führen.

Asyl kennt keine Obergrenze außer dem Grundsatz, dass keine Verpflichtung besteht, eine unmögliche Leistung zu erbringen *(ultra posse nemo obligatur)*. Dies ist für diejenigen, denen Asyl aufgrund politischer Verfolgung zugesprochen wird, einstweilen nicht in Sicht, und daher muss Asyl für Verfolgte ein unantastbarer humanitärer Grundsatz bleiben. Er lässt sich freilich nur aufrechterhalten, wenn er glaubwürdig und verlässlich praktiziert und nicht durch überkomplexe Verfahren und systematische Umgehungsstrategien ausgehebelt wird.

Erforderlich sind daher zügige Prüfverfahren innerhalb weniger Wochen, am besten in Aufnahmezentren.[109] Dazu müssen Anreize beseitigt werden, das reguläre Verfahren zu verkomplizieren und Entscheidungen zu umgehen – etwa der Anreiz, sich der Ausweispapiere zu entledigen, um nicht abgeschoben werden zu können, oder ein systematischer Gebrauch des Kirchenasyls, um Fristen verstreichen zu lassen und Duldung zu erzwingen. Dabei muss der Rechtsstaat bis an die Grenze des Zulässigen gehen oder Verfahren ändern, wo rechtsstaatliche Schutzmechanismen erkennbar dysfunktional werden. Denn wenn er sich durch seine eigenen Mittel lahmlegen lässt und die Bevölkerung darum weiter an Vertrauen in den Rechtsstaat verliert, dann ist die elementare Grundlage moderner Staatlichkeit und Demokratie gefährdet.

Daher müssen vollziehbar ausreisepflichtige Asylbewerber konsequent zurückgeführt werden. Wenn dazu Abkommen mit den Herkunftsstaaten notwendig werden, sind sie gegebenenfalls mit Nachdruck durchzusetzen – es ist ja nicht so, als wenn Deutschland und Europa keine Verhandlungsmacht besäßen.

Dass dies mit einem funktionierenden System der europäischen Grenzsicherung und Asylpolitik korrespondiert, wurde bereits angesprochen. Hier sind großzügige deutsche Investitionen gut angelegt. Sollte sich eine europäische Lösung jedoch als nicht möglich erweisen, sind funktionierende nationale Lösungen bzw. gemeinsame Lösungen der betroffenen Staaten besser als dysfunktionale europäische.

Was schließlich reguläre Zuwanderung betrifft, so bedarf es klarer Regeln für qualifizierte Einwanderung. Hier gilt eine ganz andere Logik als im Fall des Asyls. Denn hier zählen nicht zuerst die humanitären Rechte des Asylbewerbers, sondern die Bedürfnisse des aufnehmenden Staates, der dementsprechend Kriterien für die Auswahl formuliert. Ob dies über ein Punktesystem oder nach einem anderen System funktioniert, ist dabei eine nachgeordnete Frage.

Entscheidend ist vielmehr eine geordnete, für alle Seiten glaubwürdige und funktionierende Regelung der Asylpolitik und der Zuwanderung, die großzügig sein kann, wenn die Grundlagen klar sind. Sie bleibt eine zentrale Herausforderung für die Demokratie, wie wir sie kennen, zumal es gerade die Migrationsfrage war, die tiefliegende Spannungen in den westlichen Gesellschaften zum Vorschein gebracht hat. Es geht um die Glaubwürdigkeit des Rechtsstaats, und es geht um die politisch-kulturellen Grundlagen des Gemeinwesens.

10. Eine bürgergesellschaftliche Leitkultur

Zwei Begriffe sind aus der kurzen Zeit von Friedrich Merz in der ersten Reihe der deutschen Politik im öffentlichen Gedächtnis hängen geblieben: die ‹Steuererklärung auf dem Bierdeckel› und die ‹deutsche Leitkultur›. Insbesondere die Leitkultur wurde ebenso vehement unterstützt wie leidenschaftlich abgelehnt – vor allem wegen des Attributes ‹deutsch›.

Was ist eigentlich deutsch? Diese vielleicht deutscheste aller Fragen spannt sich von Ernst Moritz Arndt – «Was ist des Deutschen Vaterland?» – bis zu Thomas de Maizière: «Wir sind nicht Burka»[110]. Als das deutsche Nationalbewusstsein im frühen 19. Jahrhundert aufkam, sprach Johann Gottlieb Fichte in seinen «Reden an die deutsche Nation» von den «großen Verheißungen eines Reichs des Rechts, der Vernunft und der Wahrheit». Ähnlich weltbürgerlich dachte auch Heinrich Heine; doch wenn er von der «Sendung und Universalherrschaft Deutschlands» sprach, dann trug dies schon den Keim eines nationalen Überlegenheitsgefühls in sich.[111] Das galt erst recht um 1914, wenn von der ‹deutschen Kultur› die Rede war – Innerlichkeit und Gedankentiefe, Aufrichtigkeit, Gottesfürchtigkeit und Tapferkeit –, die einer oberflächlichen ‹westlichen Zivilisation› überlegen sei (und Slawen, Asiaten oder Afrikanern ohnehin). Im Nationalsozialismus fand dieses Denken seine rassenideologische Übersteigerung, die in den Holocaust und den Vernichtungskrieg im Osten führte. Nach 1945 wandelten sich die Inhalte deutscher Selbstbilder fundamental. Das vereinte Deutschland begreift sich als demokratische Zivilmacht und humanitäre *soft power*, die in der Willkommenskultur des Herbstes 2015 ihren höchsten Ausdruck fand. Geblieben ist unterdessen die Tendenz zur moralischen Überhöhung – des Anderen auf linkskulturalistischer Seite und des Eigenen auf rechts-nationalistischer.[112]

Was aber, noch einmal, ist deutsch jenseits der Staatsbürgerschaft? Sprache ist ein grundlegendes Element, aber nicht das einzige. Danach wird es jedoch schwierig, jedenfalls im Sinne eines kohärenten, verbindlichen Konzepts. Wenn es um Kultur als gemeinsames Merkmal geht: Wie viele Deutsche würden den Einbürgerungstest bestehen? Oder um Geschichte: Gehört das verpflichtende Gedenken an den Holocaust zum Selbstverständnis für «neue Deutsche»[113] mit Migrationshintergrund? Zusätzlich erschwert wird die Debatte durch die Moralisierungspolitik von rechts und links. Polemisch zugespitzt: Während biodeutsche Vollzeitmütter von feministischer Seite als ‹Heimchen am Herd› diffamiert werden, preisen Postkolonialisten vollverschleierte nichterwerbstätige Muslima als Ausweis kultureller Diversität. Demgegenüber machen sich rechte Nationalisten, die Frauen tatsächlich an den Herd wünschen, zu Anwälten von Frauenrechten, um Fremdenfeindlichkeit und Islamophobie zu kaschieren.

Je länger und tiefer man gräbt, desto widersprüchlicher und schwieriger wird es – und letztlich gibt es keine präzise Antwort auf die Frage ‹Was ist deutsch?› Entscheidend an der ‹deutschen Leitkultur› war und ist aber auch nicht das ‹deutsche›, sondern die ‹Leitkultur›. Die wiederum gibt es, ob man sie will oder nicht. Denn kein Gemeinwesen kommt ohne kulturelle Regeln des Zusammenlebens aus. Zugleich kann keine Verfassung die politisch-kulturellen Grundlagen garantieren, auf denen sie beruht – vielmehr lebt der Staat, mit dem berühmten Wort von Ernst-Wolfgang Böckenförde, von Voraussetzungen, die er selbst nicht garantieren kann. Jedes Gemeinwesen braucht ein Minimum an verbindlichen, nicht rein rational deduzierbaren Grundsätzen und Leitlinien.

In diesem Sinne beschreibt der Begriff ‹Leitkultur› alltagskulturelle Erwartungen an Einstellungen und Verhalten der Bürger, die im alltäglichen Umgang miteinander vorausgesetzt werden und die über Recht und (Grund-)Gesetz hinausgehen. Dabei geht es weniger um spezifisch deutsche Tugenden als vielmehr um allgemeine Standards westlicher Gesellschaften.[114] Sie lassen sich nur bedingt auf staatlich-politischem Wege verordnen – jedenfalls müssen sie auch auf zivilgesellschaftlicher Ebene praktiziert, vertreten und eingefordert werden, und zwar von und nach allen Seiten: gleiche Leitkultur für alle.

Was heißt das konkret? Zunächst: sich sprachlich verständigen zu können; Umgangsformen wie Höflichkeit oder Respekt zu wahren (und höfliche Polizisten nicht als Schwächlinge zu behandeln, weil sie höflich sind) oder Vereinbarungen und Zusagen als verbindlich anzusehen; Konflikte auf dem Weg des Gesprächs und des Kompromisses zu lösen, statt die absolute Wahrheit für sich zu beanspruchen; sich im Gespräch auf Faktentreue und Wahrhaftigkeit zu verpflichten, statt *fake news* zu verbreiten.

Zu diesen Umgangsformen kommen Haltungen: Leistungsbereitschaft und Selbstverantwortung; die Gleichberechtigung von Männern und Frauen zu akzeptieren und Menschen keine ungleichen Wertigkeiten zuzuschreiben; Selbstbestimmung und Individualität zu achten, was heißt: Zwangsverheiratungen sind ebenso illegitim wie Kinder in der freien Entfaltung ihrer Talente zu behindern. Apropos Kinder: Die deutsche Gesellschaft hat sich über Jahrzehnte hinweg einen partnerschaftlichen Umgang mit Kindern statt autoritärer Gehorsamserziehung angewöhnt – und dahinter will sie im 21. Jahrhundert auch nicht zurück; auch dies gehört zu den Verhaltenserwartungen. Ebenso die Akzeptanz von kultureller, religiöser und ethnischer Vielfalt und Respekt für die kulturellen und historischen Traditionen und Bräuche des Landes – einschließlich der christlichen Prägung der Alltagskultur. Deshalb heißt der Martinzug auch nicht ‹Laternenmarsch› und der Engel nicht ‹Jahresendzeitfigur›, ohne dass sich jemand dadurch verletzt fühlen und der Mehrheit vorschreiben können sollte, auf solche Begriffe zu verzichten.

Solche Verhaltenserwartungen lassen sich nicht scharfkantig definieren, sondern nur pragmatisch und mit Alltagsvernunft aushandeln. Wenn ein muslimischer Mann einer deutschen Frau nicht die Hand gibt, dann mag es sich um einen Grenzfall zwischen inakzeptabler frauenfeindlicher Unhöflichkeit und zu respektierender kultureller Prägung handeln – solche Grenzfälle sind immer wieder neu auszuloten, ohne in Dogmatismus oder in Beliebigkeit zu verfallen. Nicht akzeptabel ist hingegen, wenn muslimische Eltern nicht mit Lehrerinnen sprechen wollen, ein muslimischer Mann sich nichts von einer Frau sagen lassen will oder Frauen generell herabgewürdigt werden[115] – und das ist von Seiten der Mehrheitsgesellschaft auch ganz deutlich einzufordern.

Zugleich ist es sinnvoll, die Aushandlungskonflikte, die geführt werden müssen, nicht auf Nebenkriegsschauplätzen auszutragen. Das gilt zum Beispiel für den Streit um den Burkini im schulischen Schwimmunterricht. Entscheidend ist die Teilnahme muslimischer Mädchen am Schwimmunterricht – das ist die alltagskulturelle Erwartung –, nicht der Flächenanteil des textil bedeckten Körpers, solange das Individuum öffentlich erkennbar und damit auch individuell verantwortlich ist. Dieses Individualitätsprinzip westlicher Gesellschaften ist auch der Grund, warum sie öffentliche Vollverschleierung nicht dulden müssen.

In diesem Sinne hat die deutsche Gesellschaft das Recht, wenn nicht gar die kulturelle Pflicht, die Einhaltung solcher Standards zu erwarten und einzufordern, um als Gemeinwesen zu funktionieren. Dazu aber braucht es Realismus statt eines Wunschdenkens harmonischer kultureller Vielfalt. Kirsten

Heisig, Jugendrichterin in Berlin-Tiergarten, hat die Strukturen von Kriminalität und Gewalttätigkeit von und unter Jugendlichen insbesondere mit arabischem Migrationshintergrund in einer Deutlichkeit geschildert, die zu ignorieren grob fahrlässig ist. Hier ist ein konsequentes Vorgehen des Rechtsstaates gefordert.[116] Die Rechtsstaatlichkeit des Grundgesetzes ist die grundlegende Instanz der Leitkultur und die Basis der Demokratie. Im Sinne eines funktionierenden Gemeinwesens ist es dringend erforderlich, die Glaubwürdigkeit dieses Rechtsstaates wiederherzustellen.[117]

Zum notwendigen Realismus gehört auch die Erkenntnis (und nicht ihre Verdrängung), dass muslimische Migranten die Schlusslichter auf den europäischen Arbeitsmärkten bilden.[118] Der Grund dafür, so der niederländische Soziologe Ruud Koopmans auf der Grundlage empirischer Erhebungen, liegt weniger in der Diskriminierung von Migranten durch die europäischen Gesellschaften. Die Gründe liegen vielmehr in defizitären Sprachkenntnissen und mangelnder Bildung sowie in religiös-kulturellen Hindernissen: einem patriarchalischen Verständnis von Geschlechterrollen, einem fundamentalistischen Mangel an Toleranz gegenüber anderen Religionen und Kulturen und einer Selbstdiskriminierung durch soziale Segregation.

Koopmans, alles andere als ein Nationalist, empfiehlt mehr soziokulturelle Assimilation – nicht als Selbstaufgabe kultureller und religiöser Identität, sondern als aktive Integration in die Mehrheitsgesellschaft und deren Regeln. Sie ist die Voraussetzung für entlohnte Beschäftigung und Integration in den Arbeitsmarkt. Und diese wiederum ist die Voraussetzung für sozialen Aufstieg von Migranten und ihre strukturelle Integration.

Das ist der Punkt: Eine liberal-konservative Integrationspolitik wünscht sich die Integration und den sozialen Aufstieg von Migranten, und zugleich erwartet sie diese Form von Integrationswillen und den Willen zur Selbstverantwortung. Dem dient eine proaktive Bildungspolitik der echten Chancen; dazu zählt auch die Durchsetzung der Schulpflicht, während sogenannte «Schuldistanz» keine Duldung erfahren darf, sondern letztlich auch materiell sanktioniert werden muss. Integrationsexperten empfehlen zudem, mehr Anerkennung für gelungene Integration öffentlich zu kommunizieren und Anreize für Beschäftigung zu setzen, statt sie durch Fehlanreize eines stark ausgebauten Wohlfahrtsstaates zu blockieren.[119]

Bei alledem geht es nicht um die Frage ‹Was ist deutsch?›, sondern um die entscheidende Frage: Wer ist Bürger in Deutschland? Leitkultur in diesem Sinne gilt für alle. Sie schließt nicht aus und diskriminiert nicht, wie es Vorstellungen einer ethnisch homogenen Volksgemeinschaft tun. Sie gibt vielmehr Orientierung für Integration (denn es gibt die Mehrheitsgesellschaft in Deutschland, und das ist auch gut so). Und sie vermittelt Heimat für die *Somewheres*, die sich in der gesellschaftlich-kulturellen Ordnung wiederfinden und respektiert fühlen können, anstatt den Eindruck zu haben, dass ihnen der multikulturelle Kosmopolitismus der *Anywheres* eine neue Ordnung aufzwingt.

Eine solche bürgergesellschaftliche Leitkultur ist nicht mehr und nicht weniger als die Grundlage einer offenen Gesellschaft. Sie ermöglicht den notwendigen Zusammenhalt der Bürger, sie vermittelt Heimat und ermöglicht einen modernen Patriotismus der Bürger für ihr Land und seine Ordnung. Sie ist realistisch statt utopisch, erfahrungsgestützt statt theoretisch, knüpft an Traditionen an und verbessert das Bewährte, statt eine neue Welt zu schaffen – mit einem Wort: Sie ist zukunftsweisend konservativ.

Streitbare Mitte
Konservatismus, Bürgergeist und Demokratie im 21. Jahrhundert

Wie hatte der 14. Earl of Derby im Jahr 1858 konservative Politik beschrieben: «ein ständiger Fortschritt, der die überkommenen Verhältnisse verbessert, unsere Institutionen an veränderte Zwecke anpasst, denen sie dienen sollen, und durch vernünftige Veränderungen den gewachsenen Anforderungen der Gesellschaft entspricht». Solche Konservativen sind weder Fatalisten des Niedergangs noch Utopisten einer neuen Welt. Sie wollen den Wandel so gestalten, dass er für die Menschen verträglich wird, und dazu setzen sie, mit Edmund Burke gesprochen, auf die «Bereitschaft zum Bewahren und Fähigkeit zur Verbesserung, beides zusammen».

Solange sich keine bessere Alternative abzeichnet, vertrauen sie auf die bewährten Institutionen der offenen Gesellschaft, die parlamentarische Demokratie und die Volksparteien. Dies schließt zusätzliche Formen der Bürgerbeteiligung nicht aus, zumal eine «Politik des Gehörtwerdens»[1] zu den zentralen Herausforderungen des politischen Systems gehört. Die Institutionen bedürfen neben der «Bereitschaft zum Bewahren» in der Tat der «Fähigkeit zur Verbesserung». Denn Politik, Massenmedien und Demoskopie haben sich gemeinsam in einen Teufelskreis begeben, der sich in einer eigenen Echokammer dreht und die Demokratie gefährdet.

Politiker, die auf Wählerstimmen angewiesen sind, fühlen sich von den Medien getrieben. Eindringlich hat der «Spiegel»-Journalist Markus Feldenkirchen die «Schulz-Story» eines sozialdemokratischen Kanzlerkandidaten und seiner Umgebung beschrieben, die wie gebannt auf die Kommentierung der Leitmedien und die wöchentlichen Umfragewerte starren und zu Gefangenen dieser Defensive werden. Angela Merkel war stets cooler – aber auch sie hat letztlich antizipiert, was mit den Leitmedien kompatibel ist, und entsprechend entschieden.[2]

Journalisten, die eine Story brauchen, sehen sich unterdessen von Politikern und ihren möglichst exklusiven Informationen abhängig und würden für eine Reise in der Kanzlermaschine (wenn sie denn fliegt) ihre Großmutter verkaufen. Der gesamte Betrieb steht wiederum unter Dauerbeobachtung der Demoskopen, die Aufträge brauchen und nicht nur Meinung messen, sondern auch Meinung machen. Zu jeder noch so banalen Frage werden Umfragen mit oft unterkomplexer oder tendenziöser Fragestellung erhoben und zu Meldungen hochstilisiert, die sogleich Standards der politischen Diskussion setzen – wenn es überhaupt eine gibt. Denn das Mantra der Demoskopen und der Politikberater lautet: Wähler wollen keinen Streit.

Die Schlussfolgerung auf Seiten der Politiker daraus lautet: ‹Geschlossenheit›. Denn wo diese fehlt, berichten die Journalisten über ‹Streit› und ‹Uneinigkeit›, und das kostet Stimmen. Das idealtypische Ergebnis war das «System Kauder», dessen exekutive Geschlossenheit fließend in politische Sprachlosigkeit überging. So ist ein Berliner Bermuda-Dreieck entstanden, in dem die öffentliche politische Debatte versinkt und das Herz der Demokratie erlahmt.

Hier bedarf es der «Fähigkeit zur Verbesserung» auf allen Seiten. Sie erfordert eine Politik mit Gestaltungsanspruch, die gegen die Kommentierung in den Medien und gegen das Diktat der Demoskopie darauf besteht, dass Auseinandersetzung in der Sache nötig ist – und etwas anderes ist als persönlicher Streit, den tatsächlich niemand braucht. Dann wird auch nicht jede Sachfrage gleich zur Machtfrage stilisiert. Vielmehr führt eine gute Debatte zu besseren Entscheidungen. Diese Erkenntnis umzusetzen, erfordert eine politische Öffentlichkeit, die eine Kultur offener Diskussion und «robuster Zivilität»[3] als Lebenselixier der Demokratie versteht. Und es erfordert die Bereitschaft der Medien, Auseinandersetzungen in der Sache nicht sofort zu skandalisieren und zum Machtkampf hochzujazzen, sondern sie im Gegenteil: als demokratisch wertzuschätzen.

Das konservative Anliegen, die bewährten Institutionen zu verbessern, zielt auf eine lebendige demokratische Öffentlichkeit, in der profilierte Parteien in offenen Debatten den Wettbewerb um politische Konzepte austragen. So wird ein liberaler Konservatismus gegenüber allen Fatalisten, Populisten, Utopisten, Konformisten und Moralisten im frühen 21. Jahrhundert zum wahren Hüter der Aufklärung.

Konservatismus 21.0 steht für eine *offene Gesellschaft*, die Grenzen zieht, ohne moralisierend auszugrenzen. Die offene Gesellschaft beruht auf dem *Rechtsstaat des Grundgesetzes*, der Menschenwürde und Grundrechte mit Ordnung und Sicherheit verbindet. Er schafft zugleich den Rahmen für individuelle Selbstbestimmung und die Freiheit bürgergesellschaftlicher Institutionen gegenüber einer übergriffigen staatlichen Regulierung.

Eine moderne konservative Politik orientiert sich an einem Konzept von *Gerechtigkeit*, das auf Gleichberechtigung und Chancen für alle setzt und dafür auch aktive Chancenpolitik betreibt. Sie will aber keine Ergebnisgleichheit herstellen und die Gesellschaft nicht nach bestimmten Vorgaben umgestalten. Vielmehr akzeptiert sie bewusst, dass Vielfalt und Ungleichheit die Folge von individuellen Entscheidungen, Leistungen und von Wettbewerb sind. Im Zentrum einer solchen Politik steht das Prinzip der *Subsidiarität*, das Selbstverantwortung und Solidarität nach der Maßgabe ‹privat vor Staat› und ‹klein vor groß› verbindet.

Daher liegt einer konservativen Politik ganz besonders daran, *Familien* als die gemeinwohlorientierte zivilgesellschaftliche Instanz *par excellence* zu unterstützen, ihre Selbstbestimmung zu schützen und bestehende Benachteiligungen zu beseitigen. Ihre Formen haben sich gewandelt, geblieben ist die Verantwortung, die Menschen füreinander übernehmen. Gesellschaftliche Integration, Orientierung und Vertrauen entstehen darüber hinaus über das Gefühl der *Heimat*, in dem sich räumliche, soziale und kulturelle Aspekte verbinden. Heimat ist, wo Menschen Gemeinsamkeit und Bindung erfahren, wo man eine gemeinsame Sprache spricht, wo man sich verstanden und gesehen weiß. Beheimatung bedeutet, bewährte Institutionen zu respektieren und gesellschaftliche Verbindungen zu fördern: Ortskerne und kommunale Gemeinschaften zu beleben, ländliche Regionen mit der nötigen Infrastruktur auszustatten und zugleich den Staat der Bundesrepublik Deutschland als zentrale Ebene der Demokratie und des Patriotismus wertzuschätzen. Beheimatung umfasst eine Politik des Gehörtwerdens statt paternalistischer Bevormundung, die Unterstützung von Bürgersinn und eine bürgergesellschaftliche Leitkultur, die nicht ausschließt, sondern eine offene Gesellschaft integriert.

All das lässt sich nicht scharfkantig definieren. Aber eine konservative *Haltung* setzt auch nicht auf abstrakte Theorien und Modelle, sondern auf erfahrungsgestützten Realismus. Konservatives Denken hat die menschlichen Schwächen, Irrtümer und Fehler und die Widersprüchlichkeit der Dinge verinnerlicht. Daher setzt es sich selbst nicht absolut, und Konservative maßen sich nicht an, eine neue Welt zu schaffen. Sie wollen den Wandel so gestalten, dass die Menschen dabei mitkommen können. Am Ende und im Kern ist diese Bürgerbewegung der Alltagsvernunft vor allem eines: menschenfreundlich.

Anmerkungen

Prolog
Die K-Frage

1 Winfried Kretschmann, Worauf wir uns verlassen wollen. Für eine neue Idee des Konservativen. Frankfurt a. M. 2018.
2 Interview mit Armin Laschet, Frankfurter Allgemeine Sonntagszeitung, 18. Februar 2018, S. 2.
3 Focus 50/2018 vom 8. Dezember 2018, S. 37.
4 Für Anregungen, Kritik, Diskussion und Unterstützung bedanke ich mich sehr herzlich bei Thomas Christ, Detlef Felken, Andreas Göbel, Jörg Hackeschmidt, Matthias Landwehr, Almut Rödder, Konstanze Werner – und den Rittern der Operation Parsifal.

I
Sprachlose Mitte: Zur Lage der Nation

1 Charta von Paris für ein neues Europa vom 21. November 1990, Europa-Archiv 1990/2, D 656.
2 Francis Fukuyama, Das Ende der Geschichte. München 1992.
3 Vgl. dazu und zum Folgenden Frank Decker (Hg.), Populismus in Europa: Gefahr für die Demokratie oder nützliches Korrektiv? Bonn 2006; Timo Lochocki, Die Vertrauensformel. So gewinnt unsere Demokratie ihre Wähler zurück. Freiburg 2018; Yascha Mounk, Der Zerfall der Demokratie. Wie der Populismus den Rechtsstaat bedroht. München 2018; Jan-Werner Müller, Was ist Populismus? Ein Essay. Berlin 2016; Karin Priester, Rechter und linker Populismus. Annäherung an ein Chamäleon. Frankfurt a. M. 2012.
4 Vgl. z. B. «Leave. EU led people up the garden path – Arron Banks», in: BBC News vom 12. Juni 2018, https://www.bbc.com/news/uk-politics-44446632 (5. Februar 2019).

5 Vgl. z.B. «Umvolkung», in: Deutschland Kurier vom 2. Oktober 2018, https://deutschland-kurier.org/umvolkung/ (5. Februar 2019).

6 Vgl. Mercator Forum Migration und Demokratie, Migration und Populismus. Jahresbericht 2018, Dresden 2018, S. 9. Ökonomische Problemlagen betont Philip Manow, Die Politische Ökonomie des Populismus. Berlin 2018; für kulturelle Ursachen plädiert Christian Joppke, Erst die Moral, dann das Fressen, in: Frankfurter Allgemeine Zeitung vom 6. Juni 2017, S. 6.

7 Das Folgende nach Andreas Reckwitz, Die Gesellschaft der Singularitäten. Zum Strukturwandel der Moderne. Berlin 2017, S. 103–105, 184f., 199f., 274–282, 285, 308–329 und 371–423.

8 Reckwitz, Gesellschaft der Singularitäten (wie Anm. I/7), S. 273–370 (zur kritischen Auseinandersetzung mit diesem Buch vgl. das Reckwitz-Buchforum auf soziopolis: https://soziopolis.de/suche/?tx_kesearch_pi1[filter][3][143]=143tbuchforumreckwitz, 30. Dezember 2018); Cornelia Koppetsch, In Deutschland daheim, in der Welt zu Hause? Alte Privilegien und neue Spaltungen, in: soziopolis vom 22. Dezember 2017, https://soziopolis.de/beobachten/gesellschaft/artikel/in-deutschland-daheim-in-der-welt-zu-hause/ (29. Dezember 2018).

9 Vgl. David Goodhart, The Road to Somewhere: The Populist Revolt and the Future of Politics. London 2017.

10 Amy Chozick, Hillary Clinton Calls Many Trump Backers ‹Deplorables‹ and G.O.P. Pounces, in: The New York Times online, 10. September 2016, https://www.nytimes.com/2016/09/11/us/politics/hillary-clinton-basket-of-deplorables.html (21. Januar 2019).

11 Jürg Altwegg, Wilde Gesten in gelben Westen, in: Frankfurter Allgemeine Zeitung vom 10. Dezember 2018, S. 9.

12 Vgl. Thomas Petersen, Beginn einer Blasenbildung, in: Frankfurter Allgemeine Zeitung vom 20. Dezember 2018, S. 8.

13 Vgl. dazu Michael Haller, Die «Flüchtlingskrise» in den Medien. Tagesaktueller Journalismus zwischen Meinung und Information. Eine Studie der Otto Brenner Stiftung. Frankfurt a. M. 2017, sowie Marcus Maurer/Pablo Jost/Jörg Haßler/Simon Kruschinski, Auf den Spuren der Lügenpresse. Zur Richtigkeit und Ausgewogenheit der Medienberichterstattung in der «Flüchtlingskrise», in: Publizistik (2018), https://doi.org/10.1007/s11616-018-00466-y (12. Januar 2019).

14 Reckwitz, Gesellschaft der Singularitäten (wie Anm. I/7), S. 394–423.

15 Zit. nach Karin Priester, «Erkenne die Lage!» Über die rechtspopulistische Versuchung des bundesdeutschen Konservatismus, in: indes. Zeitschrift für Politik und Gesellschaft 3/2015, S. 90; vgl. auch Priester, Rechter und linker Populismus (wie Anm. I/3), S. 40ff.; Ernst Jünger, Rivarol. Frankfurt a. M. 1956, S. 80.

16 Vgl. dazu Andreas Rödder, 21.0. Eine kurze Geschichte der Gegenwart. [5. Aufl. in der edition C.H.Beck Paperback] München 2017, S. 116–126.

17 Vgl. zum Beispiel die Resolution des Verbandes der Historiker und Historikerinnen Deutschlands zu gegenwärtigen Gefährdungen der Demokratie vom 27. September 2018, https://www.historikerverband.de/verband/stellungnahmen/resolution-zu-gegenwaertigen-gefaehrdungen-der-demokratie.html (12. Januar 2019), oder die «Berliner Erklärung der Vielen» vom 9. November 2018, https://www.kulturrat.de/wp-content/uploads/2018/11/1-Berliner_Erklärung_der_Vielen_Unterzeichner_innen.pdf (21. Januar 2019).

18 Gedichttext auf der Hauswand: avenidas /avenidas y flores / flores / flores y mujeres /avenidas / avenidas y mujeres / avenidas y flores y mujeres / y un admirador – deutsch: Alleen / Alleen und Blumen / Blumen / Blumen und Frauen / Alleen / Alleen und Frauen / Alleen und Blumen und Frauen / und ein Bewunderer.

19 Michael Roth, Warum wir Moralapostel nicht mögen und das Moralisieren verabscheuen. Zur Lebensferne der Ethik. Stuttgart 2017, S. 56 und 70. Für diesen Hinweis danke ich Herrn Alexander Franz, Mainz.

20 Elisabeth Noelle-Neumann, Öffentliche Meinung. Die Entdeckung der Schweigespirale. Berlin 1996, S. 91.

21 Vgl. dazu auch Ijoma Mangold, Der Verlust der Mitte, in: Die Zeit vom 21. Januar 2016, S. 37.

22 Vgl. Matthias Jung/Yvonne Schroth/Andrea Wolf, Regierungswechsel ohne Wechselstimmung, in: Aus Politik und Zeitgeschichte 51/2009, S. 12–19.

23 Wolfgang Merkel, Der Niedergang der Volksparteien, in: Frankfurter Allgemeine Zeitung vom 23. Oktober 2017, S. 6, auch zu diesen Absätzen allgemein.

24 Manuela Glaab, Politische Führung und Koalitionsmanagement Angela Merkels – eine Zwischenbilanz zu den Regierungen Merkel I, II und III, in: Philipp Gassert/Hans Jörg Hennecke (Hg.), Koalitionen in der Bundesrepublik Deutschland. Bildung, Management und Krisen von Adenauer bis Merkel. Paderborn 2017, S. 247–286; Hans Mathias Kepplinger, Die Mediatisierung der Migrationspolitik und Angela Merkels Entscheidungspraxis, in: Reimut Zohlnhöfer/Thomas Saalfeld (Hg.), Zwischen Stillstand, Politikwandel und Krisenmanagement. Eine Bilanz der Regierung Merkel 2013–2017. Wiesbaden 2018, S. 195–217, das Zitat S. 214.

25 Vgl. zum Beispiel Bernd Ulrich, Zeit zu gehen?, in: Die Zeit vom 28. Juni 2018, S. 2 f. oder Ders., Der perfekte Zeitpunkt, Zeit online vom 30. Oktober 2018, https://www.zeit.de/politik/deutschland/2018-10/angela-merkel-deutschland-cdu-vorsitz-kandidatur-abtritt-zeitpunkt (30. Dezember 2018).

26 Haller, Die Flüchtlingskrise in den Medien (wie Anm. I/13), S. 135.

27 Vgl. dazu und zu anderen Gründen: Peer Steinbrück, Das Elend der Sozialdemokratie. Anmerkungen eines Genossen. München 2018.

28 Christian Graf von Krockow (Hg.), Brauchen wir ein neues Parteiensystem? Frankfurt a. M. 1983, S. 32.

29 Reckwitz, Die Gesellschaft der Singularitäten (wie Anm. I/7), S. 434–436.

30 Merkel, Der Niedergang der Volksparteien (wie Anm. I/23).

II

Konservativ 21.0

1 Edmund Burke, Reflections on the Revolution in France, in: The Writings and Speeches of Edmund Burke, Bd. VIII: The French Revolution, 1790–1794, hg. von L.G. Mitchell und William B. Todd. Oxford 1989, S. 53–293, hier S. 72, 81–84, 138f., 146 f. und 206.

2 Angus Hawkins, «Parliamentary Government» and Victorian Political Parties, c. 1830–c. 1880, in: English Historical Review 104 (1989), S. 638–669.

3 Hansard's Parliamentary Debates. Third Series, Bd. 149, Sp. 41.

4 Vgl. dazu Klaus Epstein, Die Ursprünge des Konservativismus in Deutschland. Der Ausgangspunkt: Die Herausforderung durch die Französische Revolution 1770–1806. Frankfurt a. M. 1973, S. 19–24.

5 Robert Cecil, Democracy on its Trial, in: The Quarterly Review 110, Juli 1861, S. 247 f.

6 Vgl. Andreas Rödder, Die radikale Herausforderung, Die politische Kultur der englischen Konservativen zwischen ländlicher Tradition und industrieller Moderne (1846–1868). München 2003, S. 344–380 und 500–502.

7 Andrew Roberts, Salisbury. Victorian Titan, London 1999, S. 834.

8 Vgl. Bernhard Dietz, Neo-Tories. Britische Konservative im Aufstand gegen Demokratie und politische Moderne (1929–39). München 2012; Dan Stone, Responses to Nazism in Britain, 1933–1939. Before War and Holocaust. London 2003.

9 Oswald Spengler, Der Untergang des Abendlandes. Umrisse einer Morphologie der Weltgeschichte. 2 Bde., München 1918/1922.

10 Vgl. Thomas Nipperdey, Deutsche Geschichte 1866–1918. Bd. II: Machtstaat vor der Demokratie. München 1992, S. 331–337 und 536–541; Axel Schildt, Konservatismus in Deutschland. Von den Anfängen im 18. Jahrhundert bis zur Gegenwart. München 1998, S. 90–130.

11 Vgl. Stefan Breuer, Die radikale Rechte in Deutschland 1871–1945. Eine politische Ideengeschichte. Stuttgart 2010, S. 152–165; Schildt, Konservatismus in Deutschland (wie Anm. II/10), S. 131–210.

12 Vgl. Armin Mohler, Die konservative Revolution in Deutschland 1918–1932. Grundriss ihrer Weltanschauungen. Stuttgart 1950, der diese Bewegung vom Nationalsozialismus abzugrenzen versuchte.

13 Friedrich Nietzsche, Also sprach Zarathustra I–IV. Kritische Studienausgabe. Hg. von Giorgio Colli und Mazzino Montinari. München 1988, S. 261.

14 Arthur Moeller van den Bruck, Das dritte Reich. Leipzig 1931, S. 264 (zuerst 1923).

15 Edgar Julius Jung, Deutschland und die konservative Revolution, in: Ders. (Hg.), Deutsche über Deutschland. Die Stimme des unbekannten Politikers. München 1932, S. 369–383, hier 380.

16 Arnold Gehlen, Zu Hans Freyers Theorie des gegenwärtigen Zeitalters, in: Merkur 9 (1955), S. 578–582, hier 580.

17 Vgl. dazu Michael Hochgeschwender, Der Verlust des konservativen Denkens. Eine Facette der bundesdeutschen Westernisierung, 1950–1980, in: Axel Schildt (Hg.), Von draußen. Ausländische intellektuelle Einflüsse in der Bundesrepublik bis 1990. Göttingen 2016, S. 149–190 (unterscheidet acht Varianten des westdeutschen Konservatismus); Frank-Lothar Kroll, Die kupierte Alternative. Konservatismus in Deutschland nach 1945, in: Ders. (Hg.), Die kupierte Alternative. Konservatismus in Deutschland nach 1945. Berlin 2005, S. 3–24; Schildt, Konservatismus (wie Anm. II/10), S. 211–252; Martina Steber, Die Hüter der Begriffe. Politische Sprachen des Konservativen in Großbritannien und der Bundesrepublik Deutschland 1945–1980. Berlin 2017.

18 Steber, Die Hüter der Begriffe (wie Anm. II/17), S. 107–163, bes. S. 112 f., 115–128 und 157.

19 Jens Hacke, Philosophie der Bürgerlichkeit. Die liberal-konservative Begründung der Bundesrepublik. Göttingen 2006, bes. S. 291–299; Hochgeschwender, Verlust des konservativen Denkens, (wie Anm. II/17), S. 180–184.

20 Vgl. Hacke, Philosophie der Bürgerlichkeit (wie Anm. II/19); Nikolai Wehrs, Protest der Professoren. Der «Bund Freiheit der Wissenschaft» in den 1970er Jahren. Göttingen 2014; Steber, Hüter der Begriffe (wie Anm. II/17), S. 240–271, bes. S. 241f. und 257–262; vgl. auch Clemens Graf Podewils (Hg.), Tendenzwende? Zur geistigen Situation in der Bundesrepublik. Stuttgart 1975.

21 Vgl. Steber, Die Hüter der Begriffe (wie Anm. II/17), S. 250–254; Jürgen Habermas, Die Kulturkritik der Neokonservativen in den USA und in der Bundesrepublik. Über eine Bewegung von Intellektuellen in zwei politischen Kulturen, in: Merkur 36 (1982), S. 1045–1061.

22 Erhard Eppler, Ende oder Wende. Von der Machbarkeit des Notwendigen.

Stuttgart 1975, S. 34–45; Kretschmann, Worauf wir uns verlassen wollen (wie Anm. Prolog/1).

23 Steber, Die Hüter der Begriffe (wie Anm. II/17), S. 272–286, 303–308 und 424.

24 Vgl. dazu Frank Bösch, Macht und Machtverlust. Die Geschichte der CDU. Stuttgart 2002; Frank Bösch, Die Adenauer-CDU. Gründung, Aufstieg und Krise einer Erfolgspartei 1945–1969. Stuttgart 2001; Steber, Die Hüter der Begriffe (wie Anm. II/17), S. 164–239.

25 Vgl. Steber, Die Hüter der Begriffe (wie Anm. II/17), S. 165.

26 Bewerbungsrede Annegret Kramp-Karrenbauers auf dem CDU-Bundesparteitag am 8. Dezember 2018 in Hamburg, https://www.youtube.com/watch?v=lQAasI1uNDY (min. 17:45–17:59; 1. Januar 2019).

27 Norbert Blüm, Eine Nebenregierung unter Merz können wir uns nicht leisten, in: Welt online vom 5. November 2018, https://www.welt.de/debatte/kommentare/article183300682/Norbert-Bluem-Eine-Nebenregierung-unter-Merz-koennen-wir-uns-nicht-leisten.html; https://www.huffingtonpost.de/entry/lanz-cdu-urgestein-blum-wettert-gegen-merz-ein-wort-sagt-alles_de_5bf4e750e4b03b230f9c9a03 (1. Januar 2019).

28 Vgl. Steber, Die Hüter der Begriffe (wie Anm. II/17), S. 166–173.

29 Vgl. Steber, Die Hüter der Begriffe (wie Anm. II/17), S. 166–220 und 312–319; Peter Hoeres, Von der «Tendenzwende» zur «geistig-moralischen Wende». Konstruktion und Kritik konservativer Signaturen in den 1970er und 1980er Jahren, in: Vierteljahrshefte für Zeitgeschichte 71 (2013), S. 93–119.

30 Freiheit, Solidarität, Gerechtigkeit. Grundsatzprogramm der Christlich Demokratischen Union Deutschlands. Beschlossen vom 26. Bundesparteitag in Ludwigshafen, 23.–25. Oktober 1978. [Bonn] 1978, S. 5.

31 Vgl. Hoeres, «Tendenzwende» (wie Anm. II/29), S. 104–116.

32 Alexander Gauland, Anleitung zum Konservativsein. Stuttgart 2002; Wortlaut der Rede vom 2. Juni 2018 nach https://www.afdbundestag.de/wortlaut-der-umstrittenen-passage-der-rede-von-alexander-gauland/ (30. Dezember 2018).

33 Eine Übersicht über verschiedene Konservatismustheorien und ihre Typologie bei Rödder, Die radikale Herausforderung (wie Anm. II/6), S. 41–52.

34 Karl Mannheim, Altkonservatismus. Ein Beitrag zur Soziologie des Wissens, Habilitationsschrift Heidelberg 1925, hg. von David Kettler, Volker Meja und Nico Stehr unter dem Titel: Konservatismus. Ein Beitrag zur Soziologie des Wissens. Frankfurt a. M. 1984, bes. S. 71, 92–97, 105 und 11–125. Vgl. auch Arthur Bryant, The Spirit of Conservatism. London 1929, S. 1–4; Hugh Cecil, Conservatism. London. [1912], S. 9; Keith Feiling,

What is Conservatism? London 1930, S. 27; Bernard Kronick, Conservatism. A Definition, in: Southwestern Social Science Quarterly 28 (1947/48), S. 173–175; Anthony Quinton, Conservatism, in: Robert E. Goodin/Phillip Pettit (Hg.), A Companion to Contemporary Political Philosophy. Oxford 1993, S. 244f., 247, 253f. und 256f.; Ders., The Politics of Imperfection. The Religious and Secular Traditions of Conservative Thought in England from Hooker to Oakeshott. London 1978, S. 16–19 und 22; Reginald Jones White (Hg.), The Conservative Tradition. London 1950, S. 1.

35 David Y. Allen, Modern Conservatism. The Problem of Definition, in: The Review of Politics 43 (1981), S. 582–603; Robert Eccleshall (Hg.), English Conservatism since the Restoration. An Introduction and Anthology. Boston u. a. 1990, S. 1–20; Ted Honderich, Conservatism. London 1990, bes. S. 209–211; Russell Kirk, The Conservative Mind from Burke to Santayana. Chicago 1953, S. 7; Robert Nisbet, Conservatism. Dream and Reality. Milton Keynes 1986, S. 21–74; Noël O'Sullivan, Conservatism. New York 1976, S. 9–31; Roger Scruton, The Meaning of Conservatism. London 1980, S. 11 und 20; Ders., Introduction: What is Conservatism, in: R.S. (Hg.), Conservative Texts. An Anthology. London 1991, S. 1–28.

36 J.G.A. Pocock, Introduction, in: Ders. (Hg.), Edmund Burke, Reflections on the Revolution in France. Indianapolis 1987, S. XLIX , Anm. 1.

37 Albrecht Erich Günther, Wandlungen der sozialen und politischen Weltanschauung des Mittelstandes, in: Der Ring 4/22 (1931), S. 409.

38 Quintin Hogg, The Case for Conservatism. London 1957 (zuerst 1947), S. 14.

39 Vgl. Thomas M. Scanlon, Being Realistic about Reasons. Oxford 2014.

40 John Stuart Mill, Considerations on Representative Government. London 1861, S. 138, Anm. *.

41 Zit. nach Georg Kohler, Warum es heute so schwierig ist, konservativ zu sein, in: Neue Zürcher Zeitung vom 10. März 2018, https://www.nzz.ch/feuilleton/der-zitternde-kompass-und-die-disruption-ld.1364039 (23. Dezember 2018).

42 Kohler, Warum es heute so schwierig ist, konservativ zu sein (wie Anm. II/41).

43 Martin Sabrow, Historia vitae magistra? Zur Rückkehr eines vergangenen Topos in die Gegenwart, in: ZeitRäume. Potsdamer Almanach des Zentrums für Zeithistorische Forschung 2016, S. 18.

44 Rodney Barker, Politics, Peoples and Government. Themes in British Political Thought Since the Nineteenth Century. Basingstoke 1994, S. 33f.

45 Robert Cecil, Mr. T. Gladstone on Kansas, in: Saturday Review III, Nr. 78 (25. April 1857), S. 384.

46 Zit. nach Harvey Glickman, The Toryness of English Conservatism, in: Journal of British Studies 1 (1961), S. 122.

47 Vgl. demgegenüber: Weihnachtskarte ohne Weihnachten: Wirbel um Widmann-Mauz, https://www.zeit.de/news/2018–12/19/weihnachtskarte-ohne-weihnachten-wirbel-um-widmann-mauz-181219-99-287180 (12. Januar 2019).

48 So auch der Titel eines im besten Sinne konservativen Buches: Erwin Teufel, Maß und Mitte. Mut zu einfachen Wahrheiten. Lahr 2006.

49 Charles A. E. Goodhart, Problems of Monetary Management. The U.K. Experience, in: Anthony S. Courakis (Hg.), Inflation, Depression and Economic Policy in the West. London 1981, S. 116; Ralf Dahrendorf, Zukunft der Freiheit, in: Tendenzwende? (wie Anm. II/20) S. 101. Vgl. auch Rödder, 21.0 (wie I/16), S. 108–116.

50 Panajotis Kondylis, Konservativismus. Geschichtlicher Gehalt und Untergang. Stuttgart 1986, S. 11, 14f., 23–25, 27, 29, 66, 69, 181–206, 394–401 und 417–423.

51 «Da liegt die Bundeskanzlerin falsch.» Rupert Scholz über Flüchtlingspolitik, in: Der Tagesspiegel vom 15. Oktober 2015, S. 4.

52 Udo Di Fabio, Die Kultur der Freiheit. München 2005, S. 134–184.

III

Eine Agenda für Deutschland

1 George Bush, Rede vor dem amerikanischen Kongress, 11. September 1990, in: Public Papers of the Presidents of the United States. Georg Bush. 1990/II. Washington D. C. 1991, S. 1219.

2 Rede Hans-Dietrich Genschers vor dem Deutschen Bundestag am 5. Oktober 1990 zit. nach Verhandlungen des Deutschen Bundestages, 11. Wahlperiode. Stenographische Berichte, Bd. 154, S. 18100.

3 Hanns W. Maull, Zivilmacht Bundesrepublik Deutschland. Vierzehn Thesen für eine neue deutsche Außenpolitik, in: Europa-Archiv 32 (1992), B. 3, S. 269–278; Ders., «Zivilmacht». Ursprünge und Entwicklungspfade eines umstrittenen Konzepts, in: Sebastian Harnisch/Joachim Schild, Deutsche Außenpolitik und internationale Führung. Ressourcen, Praktiken und Politiken in einer veränderten Europäischen Union. Baden-Baden 2015, S. 121–147.

4 Carlo Masala, Welt-Unordnung. Die globalen Krisen und das Versagen des Westens. München 2016, S. 18–65, das Zitat S. 18.

5 Robert Kagan, Putin Makes His Move, in: Washington Post vom 11. August 2008, S. A15.

6 Wladimir Putin, Annual Address to the Federal Assembly of the Rus-

sian Federation, 25. April 2005, http://en.kremlin.ru/events/president/transcripts/22931 (2. Januar 2019).

7 Vgl. z.B. Emmanuel Todd, Frei! Der arabische Frühling und was er für die Welt bedeutet. München 2011.

8 Vgl. Xuewu Gu, Die Große Mauer in den Köpfen. China, der Westen und die Suche nach Verständigung. Hamburg 2014, bes. S. 17–25; Deepak Lal, Does Modernization Require Westernization? In: The Independent Review 5 (2000), S. 5–24; Kishore Mahbubani, Die Rückkehr Asiens. Das Ende der westlichen Dominanz. Berlin 2008, S. 62–113 (dort S. 87 das Zitat); Linda Yueh, China's Growth. The Making of an Economic Superpower. Oxford 2013, bes. S. 301–320.

9 Michael Cox, From the Cold War to the World Economic Crisis, in: John Baylis/Steve Smith/Patricia Owens (Hg.), The Globalization of World Politics. An Introduction to International Relations. 5. Aufl. Oxford 2011, S. 70.

10 Remarks by President Obama at G20 Press Conference, Sydney, 16. November 2014 (im Orig.: «you don't invade other countries»), in: The White House. Office of the Press Secretary, Speeches and Remarks, https://www.whitehouse.gov/the-press-office/2014/11/16/remarks-president-obama-g20-press-conference-november-16-2014 (2. Januar 2019).

11 «Etwas hat sich in den Köpfen verändert.» Interview mit Gabriel Felbermayr, in: liberal 04.2018, S. 53.

12 Wolfgang Ischinger, Welt in Gefahr. Deutschland und Europa in unsicheren Zeiten. Berlin 2018; das Zitat nach Moritz Koch/Torsten Riecke, «Wir haben uns in der Sicherheitspolitik zu lange mit Trittbrettfahren begnügt», in: Handelsblatt vom 6. September 2018. https://www.handelsblatt.com/arts_und_style/literatur/buchtipp-welt-in-gefahr-wir-haben-uns-in-der-sicherheitspolitik-zu-lange-mit-trittbrettfahren-begnuegt/23000034.html?ticket=ST-21210-cNoF14syWrsjjJeSajOl-ap4 (18. Februar 2019).

13 Vgl. Thomas Bagger, The World According to Germany: Reassessing 1989, in: The Washington Quarterly, Winter 2019, S. 53–63.

14 Vgl. zum Beispiel Ernst-Otto Czempiel, Kluge Macht. Außenpolitik für das 21. Jahrhundert. München 1999, S. 244, oder Joseph Nye, Macht im 21. Jahrhundert. Politische Strategien für ein neues Zeitalter. Berlin 2011, S. 16–21.

15 Carlo Masala, Der Zwei-Prozentfetisch, in: Cicero vom 20. Dezember 2018, S. 44.

16 Eric Gujer, Die Rückkehr der Realpolitik, in: Neue Zürcher Zeitung vom 1. Dezember 2018, S. 1.

17 Masala, Welt-Unordnung (wie Anm. III/4), S. 11.

18 Vgl. dazu Rödder, 21.0 (wie Anm. I/16), S. 138–141 und 348–350.

19 Helmut Kohl, Regierungserklärung vom 13. Dezember 1991, Verhandlun-

gen des Deutschen Bundestages. Stenographische Berichte. 12. Wahlperiode, 68. Sitzung, S. 5799.

20 Hans Kundnani, Germany as a Geo-economic Power, in: The Washington Quarterly 34 (2011), H. 3, bes. S. 32 und 35–37; Anthony Glees, Bye-bye Britain. Wie Angela Merkel den Ausschlag zum Brexit gab, in: Philip Plickert (Hg.), Merkel. Eine kritische Bilanz. München 2017, S. 199–208.

21 Rede von Staatspräsident Macron an der Pariser Sorbonne, 26. September 2017, https://de.ambafrance.org/Initiative-fur-Europa-Die-Rede-von-Staats prasident-Macron-im-Wortlaut (3. Januar 2019).

22 «Mich schaudert das Tremolo in den Europa-Reden» [Interview mit Hans Joas], in: Frankfurter Allgemeine Zeitung vom 6. Oktober 2012, S. 27.

23 Helmut Kohl vor dem Bundesvorstand der CDU, 22. Oktober 1990, in: Helmut Kohl, Berichte zur Lage 1989–1998. Der Kanzler und Parteivorsitzende im Bundesvorstand der CDU Deutschlands. Bearb. von Günter Buchstab und Hans-Otto Kleinmann. Düsseldorf 2012, S. 191; Kohl vor dem Deutschen Bundestag, 13. Dezember 1991, Verhandlungen des Deutschen Bundestages. Stenographische Berichte. 12. Wahlperiode, 68. Sitzung, S. 5797.

24 Vgl. Maximilian Steinbeis, Man kann Rührei nicht wieder trennen, in: faz.net vom 29. November 2011, https://www.faz.net/aktuell/feuilleton/eurokrise-man-kann-ruehrei-nicht-wieder-trennen-11545325.html (3. Januar 2019).

25 Vgl. Rödder, 21.0 (wie Anm. I/16), S. 311-320.

26 Vgl. dazu Robert Gerwarth, Die Besiegten. Das blutige Erbe des Ersten Weltkriegs. München 2017.

27 «Bauch-Europäer und beleidigte Leberwürste» [Interview mit Jean-Claude Juncker], in: Frankfurter Allgemeine Zeitung vom 20. März 2013, S. 5.

28 Radosław Sikorski, Polen und die Zukunft der Europäischen Union, 28. November 2011, http://berlin.msz.gov.pl/resource/20e5da7c-594f-4186-a52a-5857559ed956 (13. März 2018).

29 Vgl. Robert W. Cox, Social Forces, States and World Orders. Beyond International Relations Theory, in: Millennium. Journal of International Studies 10 (1981), S. 136f. und 139; John J. Mearsheimer, The Tragedy of Great Power Politics. New York 2001, S. 29–35 und 267–269; Charles P. Kindleberger, Dominance and Leadership in the International Economy. Exploitation, Public Goods, and Free Rides, in: International Studies Quarterly 25 (1981), S. 242–254, bes. S. 243–245 und 247f.; Robert O. Keohane/Joseph S. Nye, Power and Interdependence. 3. Aufl. New York 2001, S. 38 (dort das Zitat) und 200–202; Antonio Gramsci, Gefängnishefte, B. 7, H. 13. Hamburg 1996, S. 1567.

30 Heinrich Heine, Deutschland. Ein Wintermärchen. Caput VII, V. 23.

31 Stenographische Niederschrift des Treffens der Genossen des Politbüros mit Michail Gorbatschow am 7. Oktober 1989 in Berlin-Niederschönhau-

sen, in: Daniel Küchenmeister/Gerd-Rüdiger Stephan (Hg.), Honecker – Gorbatschow. Vieraugengespräche. Berlin 1993, S. 259.

32 Vgl. «Es braucht eine Koalition der Betroffenen». Gerald Knaus, der Architekt des EU-Türkei-Abkommens, fordert in der Migrationsdebatte mehr Realismus und klare Konzepte, in: Neue Zürcher Zeitung vom 27. Oktober 2018, S. 7.

33 Vgl. das Lissabon-Urteil des Bundesverfassungsgerichts vom 30. Juni 2009, BVerfG, 2 BvE 2/08, v. a. 1. und 3. Leitsatz; Frank Schorkopf, Der Europäische Weg. Grundlagen der Europäischen Union. 2. Aufl. Tübingen 2015, S. 140–145, 151–158 und 201–207; Rödder, 21.0 (wie Anm. I/16), S. 305–307 und 321f.

34 Vgl. Robert Menasse, Der europäische Landbote. Die Wut der Bürger und der Friede Europas, Wien 2012; Ders., Die Hauptstadt. Roman. Berlin 2017; Ders./Ulrike Guérot, Es lebe die europäische Republik, in: Frankfurter Allgemeine Sonntagszeitung vom 24. März 2013, S. 24; Heinrich August Winkler, Europas falsche Freunde, in: Der SPIEGEL vom 21. Oktober 2017, S. 88; Daniel Haas, Wird man doch so sagen dürfen! In: Neue Zürcher Zeitung vom 7. Januar 2019, S. 28.

35 Dieter Grimm, Die Stärke der EU liegt in einer klugen Begrenzung, in: Frankfurter Allgemeine Zeitung vom 11. August 2014, S. 11.

36 Vgl. Konrad Paul Liessmann, Theorie der Unbildung. Die Irrtümer der Wissensgesellschaft. 5. Aufl. München 2011; Josef Kraus, Ist die Bildung noch zu retten? Eine Streitschrift. München 2009.

37 Vgl. Klaus Zierer, Humboldt revisited. Perspektiven für Bildung heute, in: zur debatte. Themen der katholischen Akademie in Bayern 3/2018, S. 31f.

38 Julian Nida-Rümelin/Manfred Prenzel/Klaus Zierer, Entrümpelt die Lehrpläne!, in: Der SPIEGEL vom 30. Juni 2018, S. 48.

39 Vgl. Volker Ladenthin, Da läuft etwas ganz schief. Beobachtungen zur heutigen Studierendengeneration, in: Forschung & Lehre 8/2018, S. 672–674.

40 Vgl. Susanne Dorendorff, Das Schreiben verlernt. Ständig wechselnde Anfängerschriften haben den Grundschulen einen Bärendienst geleistet, in: Frankfurter Allgemeine Zeitung vom 5. April 2018, S. 7.

41 Vgl. Klaus Zierer, Die Grammatik des Lernens. Was bei der Digitalisierung im Bildungsbereich nicht vergessen werden darf, in: Frankfurter Allgemeine Zeitung vom 4. Oktober 2018, S. 7.

42 Vgl. Manfred Prenzel, Leistung als Dimension und Qualitätsmerkmal guter Schulen. Die Perspektive der Wissenschaft, in: Silvia-Iris Beutel/Katrin Höhmann/Hans Anand Pant/Michael Schratz (Hg.), Handbuch Gute Schule. Sechs Qualitätsbereiche für eine zukunftsweisende Praxis. Seelze 2016, S. 16–25.

43 Vgl. dazu Katja Urbatsch, Ausgebremst. Warum das Recht auf Bildung nicht für alle gilt. München 2011; vgl. auch Ruud Koopmans, Does assimilation work? Sociocultural determinants of labour market participation of European Muslims, in: Journal of Ethnic and Migration Studies 42/2 (2016), S. 197–216.

44 Amartya Sen, Die Idee der Gerechtigkeit. München 2010, S. 253–266 (zuerst engl. u. d. T. The Idea of Justice. Cambridge/Mass. 2009).

45 Vgl. dazu auch Ahmad Mansour, Klartext zur Integration. Gegen falsche Toleranz und Panikmache. Frankfurt a. M. 2018, S. 301 f. [Forderung Nr. 9].

46 https://www.sptg.de/projekte/unsere-themen/bildung/diesterweg-stipendium/ (7. Januar 2019); vgl. zum Folgenden auch: Stipendium für die ganze Familie, in: Frankfurter Allgemeine Zeitung vom 23. November 2018, S. 35.

47 Vgl. Zierer, Grammatik des Lernens (wie Anm. III/41)

48 Heike Schmoll, Raus aus den schlechten Zahlen, in: Frankfurter Allgemeine Zeitung vom 28. Dezember 2018, S. 4.

49 Vgl. dazu Susanne Eisenmann, Das Danaergeschenk des Bundes an die Länder. Die Länder planen die Verabschiedung eines Staatsvertrags für mehr Verbindlichkeit in der Bildung, in: Frankfurter Allgemeine Zeitung vom 13. Dezember 2018, S. 8.

50 Vgl. [Ludger Wößmann,] «Mehr Ausgaben je Schüler bringen nichts», in: Frankfurter Allgemeine Zeitung vom 5. September 2017, S. 22.

51 Daniel Genis, Auch ich in Digitalien, in: Süddeutsche Zeitung vom 3./4. Januar 2015, S. 17 (Übersetzung sprachlich leicht modifiziert).

52 Jürgen Osterhammel, Die Verwandlung der Welt. Eine Geschichte des 19. Jahrhunderts. München 2009.

53 Vgl. Peter Hoeres, Gärtner der Rhizome. Geschichte digital erzählen auf Wikipedia. Berlin 2013.

54 Vgl. z.B. Julian Nida-Rümelin/Nathalie Weidenfeld, Digitaler Humanismus. Eine Ethik für das Zeitalter der Künstlichen Intelligenz. München 2018, S. 45–47 und 57f.

55 Vgl. Ray Kurzweil, How to create a Mind. New York 2012.

56 Nida-Rümelin/Weidenfeld, Digitaler Humanismus (wie Anm. III/54), S. 60.

57 Vgl. Helmuth Trischler, «Made in Germany». Die Bundesrepublik als Wissensgesellschaft und Innovationssystem, in: Thomas Hertfelder/Andreas Rödder (Hg.), Modell Deutschland. Erfolgsgeschichte oder Illusion? Göttingen 2007, S. 44–60; Werner Plumpe, Die Wirtschaft des Kaiserreiches. Anmerkungen zur Genealogie des deutschen Kapitalismus, in: Tilman Mayer/Karl-Heinz Paqué/Andreas Apelt (Hg.), Modell Deutschland. Berlin 2013, S. 28–35.

58 Vgl. «Fahrverbote: ‹Grenzwert für Stickoxid ist schlicht abstrus›» [Interview mit Dieter Köhler], in: Westdeutsche Allgemeine Zeitung vom 11. Dezember 2018, https://www.waz.de/staedte/essen/fahrverbote-grenzwert-fuer-stickoxid-ist-schlicht-abstrus-id215987757.html (5. Februar 2019).

59 «Etwas hat sich in den Köpfen verändert.» Interview mit Gabriel Felbermayr (wie Anm. III/11), S. 52; Justus Haucap, Warum erlahmt die Innovationsdynamik in Deutschland? Was ist zu tun? Düsseldorfer Institut für Wettbewerbsökonomie, Ordnungspolitische Perspektiven Nr. 87 (Juli 2016), http://www.dice.hhu.de/fileadmin/redaktion/Fakultaeten/Wirtschafts wissenschaftliche _Fakultaet/DICE/Ordnungspolitische_Perspektiven/087_OP_Haucap.pdf (13. Januar 2019).

60 Vgl. dazu Andreas Rödder, Das ‹Modell Deutschland› zwischen Erfolgsgeschichte und Verfallsdiagnose, in: Vierteljahrshefte für Zeitgeschichte 54 (2006), S. 345–363.

61 Gabor Steingart, Deutschland – Der Abstieg eines Superstars. München 2004.

62 Berliner Rede 1997 von Bundespräsident Roman Herzog, 26. April 1997, http://www.bundespraesident.de/SharedDocs/Reden/DE/Roman-Herzog/Reden/1997/04/19970426_Rede.html (9. Januar 2019).

63 Alexander Haneke, Der Dorfkern soll leben, in: Frankfurter Allgemeine Zeitung vom 29. Dezember 2018, S. 3.

64 Kretschmann, Worauf wir uns verlassen wollen (wie Anm. Prolog/1), S. 35.

65 Zu den historischen Zusammenhängen dieses Kapitels vgl. Rödder, 21.0 (wie Anm. I/16), S. 73–93.

66 Vgl. Paul J. Crutzen/Eugene F. Stoermer, The «Anthropocene», in: Global Change Newsletter 41 (2000), S. 17f.

67 Zugang zu den Berichten: http://www.ipcc.ch/report/ar5/index.shtml (12. Januar 2019).

68 Wissenschaftlicher Beirat der Bundesregierung Globale Umweltveränderungen, Welt im Wandel. Gesellschaftsvertrag für eine Große Transformation. Berlin 2011, Zitate aus der Zusammenfassung für Entscheidungsträger, S. 1 und 9.

69 Vgl. Lutz Raphael, Die Verwissenschaftlichung des Sozialen als methodische und konzeptionelle Herausforderung für eine Sozialgeschichte des 20. Jahrhunderts, in: Geschichte und Gesellschaft 22 (1996), S. 165–193.

70 Claus Leggewie, Wie viel Klimawandel erträgt die Demokratie? Und wie viel Demokratie erlaubt der Klimaschutz? In: Günther Nonnenmacher/Andreas Rödder (Hg.), Kapitalismus und Demokratie. Vierte Tendenzwende-Konferenz der F.A.Z. am 15. und 16. November 2012 in Berlin. Die Dokumentation. Frankfurt a. M. (F.A.Z.) 2013, S. 32.

71 Vgl. Carl Christian von Weizsäcker, Die große Transformation: ein Luft-

ballon, in: Frankfurter Allgemeine Zeitung vom 30. September 2011; die «Anmaßung von Wissen» nach Friedrich August von Hayek, Die Anmaßung von Wissen, in: Ordo 26 (1973), S. 12–21. Vgl. auch Gerhard Schulze, Es ist fünf vor zwölf. Ein soziologischer Bewusstseinstrip, in: Martin Meyer (Hg.), Perspektiven auf eine Welt im Umbruch. Schweizerisches Institut für Auslandforschung. Zürich 2010, S. 92.

72 Vgl. Claus Leggewie/Harald Welzer, Das Ende der Welt, wie wir sie kannten. Klima, Zukunft und die Chancen der Demokratie. Frankfurt a. M. 2009, S. 29–31; Zitat «Klimaskeptiker» nach John R. McNeill/Peter Engelke, Mensch und Umwelt im Zeitalter des Anthropozän, in: Akira Iriye/Jürgen Osterhammel (Hg.), Geschichte der Welt. Bd. 6: 1945 bis heute. Die globalisierte Welt. München 2013, S. 428.

73 Vgl. z.B. https://www.independent.co.uk/news/world/americas/us-politics/donald-trump-twitter-climate-change-weather-global-warming-latest-a8737326.html (27. Januar 2019).

74 Vgl. Harry G. Olson, Die Klimaverschwörung. Der größte Wissenschaftsskandal der Neuzeit. Breisach 2010.

75 Vgl. aus kritischer Warte: Aaron M. McCright/Riley E. Dunlap, Defeating Kyoto: The Conservative Movement's Impact on U.S. Climate Change Policy, in: Social Problems 50 (2003), S. 348–373; David L. Levy/Daniel Egan, Capital Contests: National and Transnational Channels of Corporate Influence on the Climate Change Negotiations, in: Politics Society 26 (1998), S. 337–361.

76 Vgl. dazu Roland Wagner, Vom Alarm zum etablierten Forschungsprojekt. Waldsterben in den Forstwissenschaften, in: Roderich von Detten (Hg.), Das Waldsterben – Rückblick auf einen Ausnahmezustand. München 2013, S. 34–43, das folgende Zitat S. 34; Joachim Radkau, Die Ära der Ökologie. Eine Weltgeschichte. München 2011, S. 229–254; Kenneth Anders/Frank Uekötter, Viel Lärm ums stille Sterben: Die Debatte über das Waldsterben in Deutschland, in: Frank Uekötter/Jens Hohensee (Hg.), Wird Kassandra heiser? Die Geschichte falscher Ökoalarme. Stuttgart 2004, S. 112–138.

77 Vgl. Luc Boltanski/Eve Chiapello, Der neue Geist des Kapitalismus. Konstanz 2003 (zuerst franz. u. d. T. Le Nouvel Ésprit du Capitalisme. Paris 1999).

78 The Global Commission on the Economy and Climate, Better Growth, Better Climate. The New Climate Economy 2014, https://newclimateeconomy.report/2014/ (12. Januar 2019).

79 Vgl. Clemens Fuest, Zehn Thesen zur Ungleichheitsdebatte, in: Frankfurter Allgemeine Zeitung vom 12. Februar 2016, S. 16.

80 Vgl. Richard Vinen, Thatcher's Britain. The Politics and Social Upheaval of the 1980s. London 2009, S. 8f.

81 Vgl. v. a. den Global Monitoring Report 2014/15: Ending Poverty and Sharing Prosperity. [World Bank/International Monetary Fund.] Washington 2015, bes. S. 17–20 und 160; Weltbankdaten nach http://databank.worldbank.org/data/home.aspx sowie einer Aufbereitung der Bundeszentrale für politische Bildung: http://www.bpb.de/nachschlagen/zahlen-und-fakten/globalisierung/52680/armut (beide 14. Januar 2019); Andreas Bergh/Therese Nilssen, Is Globalization reducing absolute Poverty? In: World Development 62 (2014), S. 42–61, hier S. 56; für Indien (mit dezidiert marktliberaler Tendenz) Jagdish Bhagwati/Arvind Panagariya, Why Growth Matters. How Economic Growth in India Reduced Poverty and the Lessons for other Developing Countries. New York 2013, S. 32–36.

82 Vgl. dazu Rödder, 21.0 (wie Anm. I/16), S. 47–72.

83 Vgl. Milton Friedman, Schools at Chicago, in: University of Chicago Magazine 64 (1974), S. 11–16, hier S. 11.

84 Annette Zimmer, Staatsfunktionen und öffentliche Ausgaben, in: Thomas Ellwein/Everhard Holtmann (Hg.), 50 Jahre Bundesrepublik Deutschland. Rahmenbedingungen – Entwicklungen – Perspektiven. Opladen 1999, S. 224.

85 Vgl. dazu Nida-Rümelin, Digitaler Humanismus (wie Anm. III/54), S. 184–186.

86 Zum Problem der Staatsschulden vgl. Rödder, 21.0 (wie Anm. I/16), S. 229–233.

87 Vgl. Heike Goebel, Plädoyer für eine «Sozialstaatsbremse», in: Frankfurter Allgemeine Zeitung vom 28. Dezember 2018, S. 18.

88 Vgl. Haucap, Warum erlahmt die Innovationsdynamik (wie Anm. III/59), S. 4.

89 Haucap, Warum erlahmt die Innovationsdynamik (wie Anm. III/59), S. 10; Vor wichtigen wirtschaftspolitischen Weichenstellungen. Sachverständigenrat zur Begutachtung der gesamtwirtschaftlichen Entwicklung, Jahresgutachten 2018/19. Wiesbaden 2018, S. 6.

90 Vgl. Bundessteuergesetzbuch. Ein Reformentwurf zur Erneuerung des Steuerrechts. Vorgelegt von Paul Kirchhof. Heidelberg 2011.

91 Vgl. z. B. Joachim Lang/Michael Eilfort (Hg.), Strukturreformen der deutschen Ertragsteuern. München 2013.

92 Vgl. Rainer Geißler, Die Sozialstruktur Deutschlands. 7. Aufl. Wiesbaden 2014, S. 85–92.

93 Vgl. Sachverständigenrat, Jahresgutachten 2018/19 (wie Anm. III/89), S. 4.

94 Axel Börsch-Supan, Die Zukunft des Sozialstaats im demographischen Wandel, in: Günther Nonnenmacher/Andreas Rödder (Hg.), Was heißt hier Solidarität? Zustand und Zukunft des Sozialstaats. Frankfurt a. M. (Frankfurter Allgemeine Zeitung) 2011, S. 19; Ders. u.a. (Hg.), Active

Ageing and Solidarity between Generations in Europe. First Results from SHARE after the Economic Crisis. Berlin 2013.

95 Vgl. dazu Hans-Martin Rieger: Altern anerkennen und gestalten. Ein Beitrag zu einer gerontologischen Ethik, Leipzig 2008; für Hinweise und Anregungen zu diesem Thema danke ich Prof. Dr. Markus Wriedt, Frankfurt/Mainz.

96 Vgl. z.B. Stefan Hirschauer, Der Diskriminierungsdiskurs und das Kavaliersmodell universitärer Frauenförderung, in: Soziale Welt 67 (2016), S. 119–137.

97 Vgl. dazu Iris Bohnet, What works. Wie Verhaltensdesign die Gleichstellung revolutionieren kann. München 2017.

98 Vgl. Sven Astheimer/Roland Lindner, Hauptsache Vielfalt, in: Frankfurter Allgemeine Zeitung vom 2. September 2017, S. C1.

99 Ursula von der Leyen zit. nach «Ein Kompromiss kommt selten allein», in: Frankfurter Allgemeine Zeitung vom 9. April 2014, S. 8.

100 Carsten Wippermann, Frauen in Teilzeit. Lebensqualität oder Teilzeitfalle. Sozialwissenschaftliche Repräsentativbefragung im Auftrag des Bundesministeriums für Familie, Senioren, Frauen und Jugend. Penzberg 2018, S. 16–21 (https://www.delta-sozialforschung.de/cms/upload/news/frauen-in-teilzeit.pdf, 22. Januar 2019).

101 Eidgenössisches Departement des Innern (Hg.), Familienbericht 2004. Strukturelle Anforderungen an eine bedürfnisgerechte Familienpolitik. Bern 2004, S. 103.

102 Vgl. dazu Norbert F. Schneider, Familie zwischen traditioneller Institution und individuell gestalteter Lebensform, in: Stefan Hradil (Hg.), Deutsche Verhältnisse. Eine Sozialkunde. Bonn 2012, S. 95–121; Karl-Heinz B. van Lier (Hg.), Ohne Familie ist kein Staat zu machen. Zeit zum Umdenken. Freiburg 2018.

103 Vgl. «Langwierig und bitter» [Interview mit Michael Hochgeschwender], in: Der SPIEGEL vom 28. September 2018, S. 46–48.

104 Vgl. Frank Bösch, Die CDU und der rechte Rand. Zeithistorische Perspektiven, in: ZeitRäume. Potsdamer Almanach des Zentrums für Zeithistorische Forschung 2018, S. 39f.

105 Vgl. Reinhard Müller, Absurdes Dublin. Verfassungsrichter Huber über ein Recht, das so verworren ist, dass es keiner versteht, in: Frankfurter Allgemeine Zeitung vom 23. Juni 2018, S. 4.

106 Vgl. Jean-Claude Berthélemy u. a., Aid and Migration. Substitutes or Complements? In: World Development 37 (2009), S. 1589–1599; Michael Clemens/Hannah Postel, Deterring Emigration with Foreign Aid: An Overview of Evidence from Low-Income Countries, in: Population and Development Review 44 (2018), S. 667–693; Axel Dreher/Sarah Langlotz/

Andreas Fuchs, The effects of foreign aid on refugee flows, in: European Economic Review, Februar 2019, S. 127–147.

107 Vgl. zum gesamten Absatz Paul Collier, Die unterste Milliarde. Warum die ärmsten Länder scheitern und was man dagegen tun kann. München 2008; pointiert: Afrikas Tragödie ist die geringe Produktivität [Interview mit Paul Collier], in: Frankfurter Allgemeine Zeitung vom 24. Januar 2017, S. 18.

108 Grenzen zu, Augen auf. [Interview mit Paul Scheffer], in: Süddeutsche Zeitung vom 31. Januar 2016, https://www.sueddeutsche.de/kultur/soziologe-paul-scheffer-grenzen-zu-augen-auf-1.2842705 (5. Januar 2019).

109 Vgl. zum gesamten Absatz das Interview mit Gerald Knaus (wie Anm. III/32). Vgl. zudem Paul Collier, Exodus. Warum wir Einwanderung neu regeln müssen. München 2014, S. 259–289, sowie Stefan Luft, Am Rande des Systeminfarkts, in: Frankfurter Allgemeine Zeitung vom 11. Juni 2018, S. 9.

110 Thomas de Maizière, «Wir sind nicht Burka», in: Bild am Sonntag vom 30. April 2017, S. 6.

111 Vgl. Vierzehnte Rede: Beschluss des Ganzen, in: Johann Gottlieb Fichte, Reden an die deutsche Nation. Hg. von Alexander Aichele. Hamburg 2008, S. 249; Heinrich Heine, Vorwort zu Deutschland. Ein Wintermärchen (17. September 1844), in: Ders., Sämtliche Werke in vier Bänden. Bd. I. München 1969, S. 415; Dieter Borchmeyer, Was ist deutsch? Die Suche einer Nation nach sich selbst. Berlin 2017, bes. S. 44–65, 84–97 und 364f.

112 Vgl. zum Gesamtzusammenhang Andreas Rödder, Wer hat Angst vor Deutschland? Geschichte eines europäischen Problems. Frankfurt a. M. 2018.

113 Naika Foroutan, Neue Deutsche, Postmigranten und Bindungs-Identitäten. Wer gehört zum neuen Deutschland? In: Aus Politik und Zeitgeschichte 46–47/2010, S. 13.

114 Bernhard Schlink, Alltagskultur als Leitkultur, in: Frankfurter Allgemeine Zeitung vom 28. September 2017, S. 6 (auch zum Folgenden); vgl. auch Thea Dorn, Deutsch, nicht dumpf. Ein Leitfaden für aufgeklärte Patrioten. München 2018, bes. S. 50–57. Vgl. auch die Aufstellung von Grundlagen einer Leitkultur bei Thomas de Maizière, Wir sind nicht Burka (wie Anm. III/110).

115 Vgl. Martina Lenzen-Schulte, Warum Bildung Muslime noch lange nicht zu Frauenverstehern macht, https://www.theeuropean.de/martina-lenzen-schulte/15331-der-angriff-auf-die-emanzipation (5. Februar 2019).

116 Kirsten Heisig, Das Ende der Geduld. Konsequent gegen jugendliche Gewalttäter. Freiburg 2010.

117 Vgl. das Interview mit dem ehemaligen Präsidenten des Bundesverfassungsgerichts Hans-Jürgen Papier: Papier warnt vor einer «Willkürherrschaft» in Deutschland, Berliner Morgenpost vom 13. Oktober 2018,

https://www.morgenpost.de/politik/article215552971/Papier-warnt-vor-einer-Willkuerherrschaft-in-Deutschland.html (18. Januar 2019).

118 Vgl. Koopmans, Does assimilation work? (wie Anm. III/43).

119 Vgl. Ahmad Mansour, Klartext zur Integration (wie Anm. III/45), S. 298–300 [Forderungen Nr. 6 und 7]; Koopmans, Does assimilation work? (wie Anm. III/43); vgl. auch Stefan Luft, Staat und Migration. Zur Steuerbarkeit von Zuwanderung und Integration. Frankfurt a. M. 2009.

Streitbare Mitte

Konservatismus, Bürgergeist und Demokratie im 21. Jahrhundert

1 Kretschmann, Worauf wir uns verlassen wollen (wie Anm. Prolog/1), S. 59–63 (das Zitat S. 59).

2 Markus Feldenkirchen, Die Schulz-Story. Ein Jahr zwischen Höhenflug und Absturz. München 2018; Kepplinger, Die Mediatisierung der Migrationspolitik und Angela Merkels Entscheidungspraxis (wie Anm. I/24), S. 214.

3 Timothy Garton Ash, Redefreiheit. Prinzipien für eine vernetzte Welt. München, Carl Hanser Verlag 2016, S. 316.